쟁점중심
사회과 교육

KSI 한국학술정보[주]

쟁점중심 사회과 교육

고흔석 지음

KSI 한국학술정보[주]

최근 우리나라의 학교교육은 수업 잘하는 교사를 우대하려는 다양한 교육정책을 발표하고 있다. 특히 수석교사제의 도입은 그동안 교직사회에서 가졌던 기존의 의식을 바꾸는 새로운 패러다임으로 작용하고 있다.

사실 좋은 수업을 하고자 하는 것은 모든 교사의 꿈이다. 또한, 좋은 수업을 받는 것은 우리 아이들의 바람이기도 하다. 교사와 학생들의 이러한 열의를 교육현장에 실천하는 노력이 필요하다.

특히 사회과는 아이들 모두가 어려워하는 교과 중의 하나이다. 사회과 교사로서 이 지점에서 전문성이 발휘되어야 한다고 생각한다. 사회과의 본질인 바람직한 민주시민의 양성이라는 취지에 맞는 쉽고 재미있는 수업 전개가 필요하다고 생각한다.

이런 관점에서 사회과 교육과정에서 쟁점중심 사회과 교육의 도입을 고려해 볼 필요가 있다. 최근 우리의 사회 상황은 사회의 중요한 문제를 결정할 때 시민들의 활발한 참여와 논의가 이루어지는데 그러한 과정에서 서로 의견이 다르기 때문에 개인과 개인 사이에 또는 집단과 집단 사이에 해결하기 어려운 갈등이 흔히 제기되기도 한다. 이러한 갈등이 경험적 증거에 의하여 해결될 수 있는 경우도 있지만, 가치관이 개제된 경우에는 결말을 내기 쉽지 않다.

이러한 문제의식에 대한 답을 얻기 위해 저자는 쟁점중심 사회과

수업과 관련된 여러 문헌을 검토하고 사회과 논쟁학습모형을 구안하
였으며, 이 모형에 따라 수업을 진행해 가면서, 초등학생들이 어떤 변
화와 성장을 해 나가는지를 심층적으로 분석하고, 논쟁중심 협동학습
모형의 수업 현장 적용을 위한 함의를 추출하였다.

이를 통해 사회과를 암기식이나 주입식에 의한 일제식 수업 양식
에서 벗어나 아이들이 개성적인 배움을 축으로 하는 활동적이고 협
동적이고 반성적인 수업으로 변화시켜 향후 사회과 수업 개선에 작
은 도움이라도 드리고자 이 책을 펴내게 되었다.

이 책은 크게 네 부분으로 구성되어 있다. Part 1에서는 사회과에서
의사결정력과 협동학습과의 연관성에 대해서 살펴본다. 여기서는 쟁
점중심 사회과 교육의 의미와 성격을 살펴본 후 논쟁중심 사회과 수
업과 협동학습의 연계성과 기존의 연구결과를 상세하게 검토한다.

Part 2에서는 의사결정력 함양을 위한 학습모형의 개발과정을 다룬
다. 먼저 논쟁중심 협동학습 모형을 개발하고 이를 직접 수업에 적용
하는 방법과 자료를 어떻게 수집하였는지를 소개한다.

Part 3에서는 논쟁중심 협동학습에서 학생들의 사고 과정 변화를
고찰한다. 논쟁중심 협동학습과정에서 단계별로 어떤 사고과정의 양
상이 드러나고 아이들의 의사를 결정하는 기준은 무엇인지 알아본다.
그리고 이러한 논쟁중심 협동학습이 주는 교육적 의미를 살펴본다.

Part 4에서는 논쟁중심 협동학습 적용을 위한 함의를 다룬다. 먼저 논쟁중심 협동학습 적용상의 난점이 무엇인지 알아보고 교육현장에서 논쟁중심 협동학습 적용을 위한 실천적인 논의를 전개한다.

좋은 사회과 수업은 하루아침에 만들어지거나 어느 시점에서 완성될 수 있는 성질의 것이 아니라고 생각한다. 다만 이 사례는 어느 교실에서나 적용해 볼 수 있는 현장교사의 실행연구 보고서이다. 이 작은 책이 수업의 과정 속에 나타나는 작은 움직임들을 모아서 베틀에서 씨실과 날실을 엮어 옷감을 짜듯이 현장 교사들도 하루하루의 수업을 주시하며 자신의 수업을 고쳐 가는 새로운 한 걸음을 내디딜 수 있는 계기가 되기를 조심스레 기대해 본다.

연구를 도와주신 곽병선 전 한국교육개발원장님, 홍익대학교 김영화 교수님, 한국교원대학교 손병노 교수님과 서울교육대학교 남경희 교수님께 깊이 감사드린다. 또한 우이초등학교 배종용 교장님, 서울교육대학교부설초등학교 선생님들과 학생들, 한국학술정보(주) 관계자 여러분들께도 감사드린다. 마지막으로 못난 아들을 사랑으로 감싸주시는 어머니와 아내 윤선영, 형우, 윤지에게 이 책을 전한다.

2010년 9월

고흔석

Contents

Part 1

사회과에서 의사결정력과
협동학습의 만남

제1장 논쟁중심 사회과 교육의
의미와 성격

1 논쟁중심 사회과 교육의 의미

학생들은 매일같이 이해하기 어려운 혼란스런 상황 속에서 살아가고 있지만, 그들이 직면하고 있는 사회 문제와 관련하여 왜 그런 일이 일어나고 있는지, 왜 그런 일들이 끊임없이 반복되고 있는지 그리고 어떻게 해결해야 하는지를 알지 못한다. 그 이유는 첫째, 대부분의 사회과 교육학자들은 초등학교 학생들이 사회적 쟁점을 학습하는 것에 대하여 회의적, 소극적 자세를 취하고 있기 때문이다(Gross, 1989; McBee, 1996). 둘째, 쟁점의 탐구는 학술적인 논의에 그칠 뿐이고 그것이 교육현장에서는 원활하게 수행되고 있지 않기 때문이다.

논쟁중심 수업은 사회구성원 간에 심각한 갈등을 야기한 문제나 관심사인 쟁점을 중심으로 이루어지는 교육을 뜻한다. 이러한 논쟁중심 수업은 다음과 같은 몇 가지의 가정과 신념에 기초한다(Ochoa-Becker,

1996).

첫째, 지식은 지고불변의 진리로서가 아니라 검증 가능하며 새로운 근거와 함께 항상 수정될 수 있는 잠정적 가설로서 받아들여져야 한다. 둘째, 교수·학습은 일방적인 전달이 아니라 교사와 학생 간의 활발한 상호작용적 활동으로 인식되어야 한다. 셋째, 학습은 수동적, 기계적인 과정으로서가 아니라 능동적이고 자기 주도적인 과정으로 이해해야 한다. 넷째, 사회는 고정적이고 균형과 합의를 이루고 있다기보다는 지속적으로 변화하며 갈등과 다양성에 기초하고 있는 것으로 이해되어야 한다.

이 가정이 이론적으로는 많이 알려져 있지만 교육현장에서는 제대로 고려되지 않는 경향이 농후하다. 논쟁중심 수업은 이러한 가정이 실제 수업활동에 반영될 때 가능하다.

사회과에서 논쟁중심 수업을 강조하는 이유는 다음과 같다.

첫째, 우리의 실제적인 삶을 교육내용으로 다룰 수 있기 때문이다. 사회과 수업이 삶의 모든 것을 다룰 수 없기 때문에 쟁점중심 교육을 통해서 사회구성원들이 심각한 갈등에 직면해 있는 문제나 관심사만이라도 능동적으로 탐구할 수 있는 기회를 제공하자는 것이다(Nelson, 1996).

둘째, 가치론적인 측면에서 사회과 교육의 목적과 관련되기 때문이다. 사회과 교육의 목적은 시민의식의 함양인데 논쟁중심 수업은 반성적 탐구로서의 사회과 교육을 지향하며 궁극적으로 고등사고능력의 함양에 목적을 두고 있다(노경주, 2000). 고등사고능력은 의사결정력을 비롯한 사고교육에 대한 다양한 접근을 통합한 개념으로서 준거와 상호작용에 근거하여 온당한 판단을 돕는 역동적, 도전적 정신 과정이라고 정의된다. 특히 온당한 판단과 관련하여 문제 해결, 의사결정의 과정에서 합리성과 애정, 이성과 감정을 조화시키는 것을 의미하였다. 이처럼 쟁점중심 교육은 인간사회에서 개인적, 사회적으로 보다 나은 삶의 질을 추구하는 고등사고능력을 갖춘 시민을 양성하는 데 목적을 두고 있다. 논쟁중심 수업을 통해 학생들의 고등사고력을 신장시킬 수 있다. 즉, 논쟁중심 수업에서 쟁점이 되는 논쟁 문제는 우리 주변에서 일어나지만 정답을 찾기가 쉽지 않아서 찬성과 반대가 엇갈린 채 논쟁이 계속되는 사회적 문제로, 그 해결에 있어 다양한 갈등이 제기되기 때문에 학습자의 흥미를 끌면서 사고력을 증진시킬 수 있다.

셋째, 학생들은 논쟁중심 수업을 통하여 사회적 지식을 획득할 수 있다. 학생들이 논쟁 문제에 대해 합리적인 결정을 내리기 위해서는 사회적 지식을 도출하기 위해 사회 과학자들이 사용하는 탐구 방법을 습득해야 하였다. 이는 합리적인 의사결정 과정에 사회 지식이 필요하기 때문이다.

넷째, 논쟁중심 수업은 논쟁적인 문제를 합리적으로 해결할 수 있는 능력을 기르는 데 효과적이다. 민주주의 사회에서 바람직한 민주시민은 개인적인 문제에 대해 합리적인 해결능력을 지녀야 할 뿐만 아니라, 사회가 당면하고 있는 문제에 대해서도 적극적으로 해결하려는 태도를 가져야 한다.

이처럼 논쟁중심 수업은 사회과 교육에서 지향하는 바람직한 민주시민으로서 가져야 할 기본적인 자질을 길러주는 데 도움을 주는 교수·학습 방법이라고 할 수 있다.

2 논쟁중심 사회과 교육의 특성

논쟁 문제를 사회 수업시간에 다루어야 하는 이유로 존슨과 존슨
(Johnson & Johnson, 1979)은 학습자들의 문제해결능력과 창의성, 타인
의 관점 이해, 도덕적 합리화 등의 능력을 기르는 데 있어 논쟁 문제
가 중요하기 때문이라고 하였다. 뱅크스(Banks, 1995)는 사회과의 궁
극적인 목표를 그들이 속해 있는 지역 사회, 세계의 공동생활에 적극
참여하여 신중하게 결정할 수 있는 지식과 능력을 습득시키는 데 있
다고 하였다.

이를 통하여 알아본 결과 사회과 수업은 사회과의 궁극적인 목표
인 바람직한 시민을 양성하기 위해서 합리적인 의사결정 능력을 강
조해야 함을 알 수 있다. 논쟁중심 수업은 의사결정 능력을 길러 줄
수 있는 효과적인 수업 방식이나 기존의 설명식 수업이나 주입식 수
업과는 달리 학생들이 자기 주도적으로 참여하는 참여식 수업이라고
할 수 있다. 이러한 논쟁중심 수업은 설명식 수업과는 다른 몇 가지
특성을 가지고 있다. 이러한 특성은 고등사고력을 기르기 위한 사회
과의 탐구학습이나 의사결정수업 모형에서도 나타나는 몇 가지 특징
을 지닌다(박형준, 2002).

첫째, 논쟁중심 수업에서는 활발하고 다양한 의사소통이 일어난다.
논쟁 수업은 교사와 학생 간, 학생과 학생 간의 의사소통을 통한 토
론을 바탕으로 하고 있다. 사회과 논쟁중심 수업은 학생들이 쟁점이
되는 문제에 대하여 다양한 관점으로 검토하는 학습 활동을 통해서
관점의 확장을 꾀하였다. 논쟁중심 수업은 학생들 상호 간에 서로의

의견을 존중하는 활동을 토론 활동 시에 실천함으로써 타인을 존중하는 태도를 가지게 된다. 학생들은 논쟁중심 수업에서 상대방 의견에 대해 비판적 시각으로 검토해 봄으로써 비판적 사고능력을 기를수 있다. 논쟁중심 수업은 학생들 상호 간에 자신의 의견을 활발하게나눔으로써 의사소통 기술의 발달을 가져오는 효과를 얻을 수 있다.

둘째, 논쟁중심 수업은 사회적 지식을 바탕으로 이루어진다. 사회적 지식은 학생들이 자기의 주장을 내세울 때 그 주장을 입증할 수있는 근거가 된다. 학생들이 논쟁 문제에 대하여 토론하고 대안들을설정할 때에도 그 근간에는 논쟁 문제에 대한 적절한 사회적 지식이수반되지 않는다면 토론은 이루어질 수 없다. 논쟁중심 수업은 단순히 지식을 축적하거나 정보를 암기한다고 해결될 수 있는 문제가 아니다. 왜냐하면 쟁점은 학생들의 실생활과 관련된 문제로서 의문과갈등을 불러일으키고 지식 획득의 필요성을 자극하며 인간의 삶의기본적 가치와 신념에 대한 근본적인 질문을 던지게 된다. 따라서 논쟁중심 수업은 사회 문제를 중심으로 의사결정을 내릴 때에는 사회적 지식에 대한 개념이 확보되어야 활발한 수업이 이루어질 수 있다.

셋째, 논쟁중심 수업은 증거 위주의 주장이 이루어지며 절차적 규범이 준수되어야 한다. 학생들이 논쟁 문제를 교수할 때에는 증거에입각하여 자신의 주장을 내세울 수 있어야 한다. 논쟁중심 수업에서따라야 하는 절차적 규범은 논쟁에 있어 전체적인 사고의 흐름을 합리적이고 원활하게 이끌어 주는 규칙이라고 할 수 있다.

이처럼 논쟁중심 수업은 학생들의 실생활과 관련된 문제로써 쟁점의 속성이 논쟁적이라거나 갈등이 존재한다거나 의견이 불일치하는쟁점을 대상으로 하는 수업이기 때문에 기존의 설명식 수업이나 주입식 수업보다는 학생들이 자기 주도적으로 참여하는 참여식 수업이 이루어져야 한다. 이를 통해서 학생들이 그들의 수준에서 도전적인 과제를 다루어 가면서 선행 지식을 이끌어 내고 필요한 정보를 획득하고 새로운 지식을 쌓아 가면서 미래 사회의 변화를 예측하고, 이를 바탕으로 시민으로서의 삶을 준비하기 위하여 필요한 능력을 기르는 데 도움을 주고 있다.

3 논쟁중심 사회과의 접근 유형

논쟁중심 사회과는 시대에 따라 조금씩 다른 강조점을 가지면서 서로 다른 이름으로 표현되었다. 초기에는 듀이(Dewey, 1916)이론을 적용한 문제 접근법(problems approach)으로 표현되었는데, 주로 학생들의 흥미와 사회적 관심사를 조사하기 위한 문제가 선택되었다. 그 후 헌트와 매트카프(Hunt & Metcalf), 올리버와 쉐이버(Oliver & Shaver)는 그 강조점을 조금씩 달리하면서 논쟁중심 교육에 대한 체계적인 모형을 제시하였다. 먼저 헌트와 매트카프(Hunt & Metcalf)는 사회과 프로그램이 학생들에게 문화의 금기영역(closed area)에 속하는 문제들을 반성적으로 검토할 기회를 제공해야 한다고 주장하였다. 올리버와 쉐이버(Oliver & Shaver)는 지속되어 온 공공 쟁점을 강조해야 한다고 주장하면서, 사회적인 가치 갈등을 분석하기 위한 법리적 접근을 권고하였다. 이들과 더불어 논쟁중심 교육에 중요한 공헌을 한 앵글(Engle)은 의사결정이 사회과의 핵심이 되어야 한다고 주장하기도 하였다. 이러한 논쟁 문제를 다루는 접근법에는 크게 다섯 가지로 나누어 볼 수 있다(정문성, 1998).

첫째는 문제 해결 접근법(problem solving approach)으로, 이것은 학습자가 정답이 열려 있는 문제에 대해 나름대로 가설을 만들고, 정보를 수집하고 분석하여 결론을 도출해 내는 데 사용된다. 듀이(Dewey)에 의해 소개된 이 방법은 1) 어떤 주제의 논쟁적인 상황을 파악하고, 2) 질문의 형태로 문제를 정의하고, 3) 가설을 만들고, 4) 검증하고, 5) 결론을 내리게 하는 절차를 거친다.

둘째는 공공 문제 접근법(public issues approach)으로, 하버드 대학의 사회과 프로젝트가 대표적이다. 이 방법은 학생으로 하여금 공공의 문제에 관련된 가치 갈등 및 딜레마를 토론하고 분석하게 하는 접근법이다. 분석틀은 공공정책에 대한 사실적, 개념적, 도덕적 측면으로 구성된다.

셋째는 의사결정 접근법(decision making approach)으로, 여러 대안 중 하나를 합리적으로 결정하도록 하는 접근법이다. 절차는 1) 결정이 필요한 상황과 결정자의 목적을 정의하였다. 2) 여러 대안을 제시하고 그 결과의 장단점을 기술하였다. 3) 대안을 선택하고 그것이 왜 최선인지를 평가하였다. 공공문제와 마찬가지로 가치갈등과 판단이 개입되지만 대안에 대한 분석이 강조된다.

넷째는 도덕적 추론 접근법(moral reasoning approach)으로, 콜버그(Kohlberg)모형이 대표적이다. 도덕적 딜레마에 관한 학생의 추론 질을 향상시키려는 접근법이다. 그 절차로는 1) 딜레마를 분명히 하고, 2) 학생으로 하여금 잠정적 자기 입장을 선택하게 하고, 3) 그들 입장의 이유를 분명히 하게 하기 위해서 모둠으로 나누고, 4) 전체 학급이 자기 입장을 합리화하는 논쟁을 하게 하고, 5) 그 합리화를 딜레마가 제기한 보다 넓은 도덕적 질문으로 확대한다.

　　다섯째는 협동학습 접근법(cooperative learning approach)으로, 논쟁수업이 중요한 수업 방법 중의 하나로 부각되면서 논쟁수업을 협동학습 구조에서 적용하려는 노력이 존슨과 존슨(Johnson & Johnson, 1989; 1994)에 의해 시도되었다. 협동학습의 본질은 학생 개개인이 더욱 내적으로 통제하려는 의지를 가지게 해서 학습에 있어서 능동적인 역할을 촉진시켜서 학생들을 학습에 적극적으로 참여하게 만드는 것이다. 적극적인 학습 참여는 학생들의 삐뚤어진 행동이나 적어도 수업에 지루함을 보이는 등 행동의 감소를 동반하는 효과를 가져온다. 이에 더해 학생들 간의 상호작용은 윤리적으로나 문화적으로 다양한 교실에서 서로가 도우며 서로의 의견을 수용하게끔 사회화시키는 기능을 한다. 다측면적인 의사소통이 필요한 이러한 상황에서의 타인 수용적 경험을 하는 것은 타인의 경험에 대한 자신의 이해를 증가시켜서 더욱 학생들 간의 상호 의존감을 향상시키게 된다.

제2장 논쟁중심 사회과 수업과 협동학습의 만남

1 논쟁중심 사회 수업의 기본 구조

논쟁중심 사회과 교육 주창자들은 사회과 교육의 필요성과 정당성을 다원화 사회를 살아갈 수 있는 능력 있는 시민양성에서 찾아왔다. 논쟁중심 사회과에서 상정한 학습자는 생활인에 가깝다. 이러한 맥락에서 논쟁중심 사회과 수업은 사회과학을 가르치는 것이 아니라 일반교육을 지향한다.

사회과 교육은 본질 교과의 성격을 지니며 일반교육을 지향하는데, 본질교과의 의미는 주로 도구 교과와 대비되는 관점에서 규정된다. 즉, 다른 목적이나 대상을 위한 수단적 가치가 강조되는 교과를 도구 교과라 한다면, 본질 교과는 그 자체가 교육의 최종 목적인 인간 형성이나 그들을 통한 사회 개선을 직접 추구하는 성격을 갖는다. 사회과는 목표를 모종의 이상적인 인간의 능력과 특성을 기르는 데에서 직접 찾아왔기 때문에 본질 교과로 인식되어 왔다(손병노, 2002: 65~67).

한편, 사회과가 일반 교육을 지향한다는 말은 일부의 사람이나 집단만을 목적으로 하는 것이 아니라, 모든 인간 또는 보통 인간의 성장과 발달에 목적을 둔다는 것을 의미한다. 이는 종종 전문 사회과학 교육과 같은 일부를 위한 교육과 구별하기 위한 의도로 사용되기도 한다. 때문에 전문 학자 집단에 의해 주도되는 학문의 논리가 회의의 대상이 되기도 하고, 생활의 논리나 학습자 발달의 논리가 관심의 대상으로 부각되는 경우가 많았다. 특히, 학문 자체를 위한 학문의 교육이나 기성 학문의 세계로 들어가기 위한 준비교육으로서 사회과를 보려는 시각에 대해서는 강력한 저항이 전개되어 왔다.

교사들과 교육과정 개발자들이 논쟁중심 교육과정을 만들기 위해서는 적어도 다음과 같은 네 가지의 주요한 원리를 작동시켜야 한다.

첫째, 이해의 깊이는 학습 범위나 피상적인 표현보다 훨씬 더 중요하게 다루어야 하며, 둘째, 논제와 쟁점은 주제 간, 교과 간, 둘 이상의 학문 분야 또는 역사적 구조와의 연계성이 필요하다. 셋째, 정의와 쟁점 연구에 대한 암시는 도전적인 내용에서 실질적으로 요구되어야 하며, 넷째, 학생들은 탐구 과정에서 작용하고 통제되는 학습 경험을 해야 한다(Evans, Newman & Saxe, 1996: 2~3).

이러한 논쟁중심 교육과정의 구조하에서 헌트와 매트카프(Hunt & Metcalf)는 금기영역, 올리버와 쉐이버(Oliver & Shaver)는 공공의 문제를, 앵글과 오초아(Engle & Ochoa)는 복잡한 사회 문제를 다루기 위한 의사결정 능력 등을 논쟁중심 사회과 교육에서 가르쳐야 할 내용으로 선정하였다.

헌트와 매트카프(Hunt & Metcalf)는 논쟁중심 사회과 교육에서 가르

쳐야 할 내용 선정에 대하여 그들은 개인적 편견이나 사회적 터부로
서 이성적 검토를 하지 못하는 '닫힌 영역(closed area)'이 사회과 교육
의 내용이 되어야 한다고 하였다. 닫힌 영역은 개인 간 갈등을 불러
일으키는 문제들이다. 개인 간 갈등이 항상 현존하는 문화에 익숙해
지므로 많은 논쟁 문제의 진과 선 양쪽 모두를 받아들여 내적 갈등을
갖게 된다고 하였다(Hunt & Metcalf, 1968: 25).

올리버와 쉐이버(Oliver & Shaver)는 사회과 영역에서 다룰 수 있는
공공의 문제를 추출하여 교육과정을 구성하고 그들이 제시한 학습
방법을 통해 학생들이 공공의 문제에 대한 자신의 입장을 위하고, 그
입장이 정당화하는 데 필요한 지적 분석력을 효과적으로 기를 수 있
었다고 결론을 내렸다. 올리버와 쉐이버(Oliver & Shaver)의 교수 모형
에서는 교실 수업에서 제기된 공공문제를 개념의 명료화, 경험적 증
거에 의한 사실의 증명, 가치갈등의 해결 등 세 가지 방법에 의하여
해결하려고 시도하였다. 이 교수 모형은 특히 가치갈등의 해결을 가
장 어려운 것으로 보고 이를 위해 인간 존중이라는 사회의 기본 가치,
헌법에 제시된 여러 가지 민주적 원리, 가치의 위계적 차이, 가치의
보편성과 구체성 등 다양한 기준을 매우 포괄적으로 제시하였다.

오초아－베커(Ochoa-Becker)는 의사결정 능력을 통하여 학생들에게
생각할 수 있게 하고 신중한 결정을 할 수 있도록 해 주어야 할 것으
로 주장하였다. 교육과정의 내용은 신중하게 생각하고 활용함이 없이
단순히 암기되는 것이 아니고, 소수의 주제(topic)만을 가지지만 각각
에 대해 보다 깊이 있게 들어갈 수 있도록 문제들이나 생각들, 가치
들, 소재들을 보다 주의 깊게 취급할 수 있도록 선정되어야 한다고
하였다(Ochoa-Becker, 2007: 123～127).

    이러한 논쟁중심 사회과 교육 주창자들의 교육과정 구성에 대한
제안에서 학습자 요소에 대한 그들의 이해와 전제가 드러났다. 대표
적으로 뉴만과 올리버(Newmann & Oliver), 그리고 헌트와 매트카프
(Hunt & Metcalf)는 논쟁중심 사회과 수업의 구성에서 계열성에 대하
여 몇 가지 제안하였다.

    뉴만과 올리버(Newman & Oliver)는 첫째, 논쟁중심 사회과 교육에
서 동심원 확대법의 조직 가능성을 부정하였다. 학습자 생활공간, 즉
집에서 지리적으로 가까운 문제를 먼 지역의 문제보다 먼저 공부해
야 할 어떤 이유나 근거가 없다고 주장하였다. 둘째, 논쟁중심 사회과
교육은 연대기적으로 과거에서 현재까지 시간적 순서대로 구성하는
것을 부정하였다. 현재나 미래에 대하여 공부하기 전에 과거를 먼저
공부해야 할 이유를 찾지 못했다고 주장하였다. 오히려 고전적 혹은
지속적인 윤리적 딜레마를 담고 있는 상황이나 이 딜레마가 드라마
틱하게 언급되나, 학생들의 사적 경험을 좀 더 일반적인 사회적 논쟁
문제로 다룰 수 있는 상황이 고려된 수업 구조를 중시하였다. 셋째,
교수·학습 내용은 단순한 것에서 복잡한 것으로 계열적으로 구성하
는 것이 도움을 줄 것이라고 하였다. 만약 논쟁 문제의 복잡한 측면
으로부터 간단한 측면을 구별하는 것이 가능하다면 학생들에게 복잡
한 문제를 다루기 전에 좀 더 간단한 문제들을 먼저 숙달하게 하는
것이 낫다고 하였다(Newman & Oliver, 1970: 248).

2 논쟁중심 사회과와 협동학습의 관련성

협동학습 구조에서 논쟁 문제를 다룰 때에는 집단 사고 학습이나 토론(debate)학습, 개별 학습 구조에서 다룰 때와는 매우 대조적인 특징을 보이게 된다(정문성, 1996).

집단 사고 학습에서는 구성원들의 합의를 우선시함으로써 서로 일치를 보이는 주장이나 의견에 관해서는 어떤 의심도 하지 않았다. 집단 사고의 동기는 외부의 위협에 대처하기 위해 집단 구성원이 서로 의존하고 구성원의 조화를 통해 집단을 유지하려는 데서 출발하기 때문이다. 그러므로 학생들은 반대되는 의견을 주장하기 꺼리고 빨리 합의를 보려고 한다. 그러나 논쟁중심 협동학습에서는 문제 해결을 위해 구성원끼리 신중한 담론을 통해 의견을 종합하고 통일하여 새로운 해결책을 만들어 내는 창조적인 과정을 중시한다. 집단사고 수업에서는 긍정적인 목표 상호의존성만 있으나, 논쟁중심 협동학습에서는 긍정적인 자료 상호의존성도 동시에 존재한다. 즉, 집단 사고 학습에서는 의견의 일치를 보려는 목표에만 관심이 있으나 논쟁중심 협동학습에서는 목표뿐만 아니라 자료나 정보들을 서로 공유하려는 자료 상호의존성이 존재한다는 점이 다르다.

토론(debate) 학습은 반대되는 두 집단이 제3의 집단, 즉 심판을 정하고 서로 자신의 입장이 옳다는 것을 보여 주려고 노력하는 형태의 수업이다. 즉, 반대되는 두 집단이 서로 상대 집단을 이기려고 노력하므로 정보나 자료를 공유하려 하지 않는다. 하지만 논쟁중심 협동학습 수업에서는 협동해서 구성원끼리 의견을 종합하고 해결책을 찾아낸다. 그러므로 토론(debate)수업에서는 부정적 목표 상호의존성이 존재하나 논쟁중심 협동학습에서는 의견의 일치를 보려는 긍정적인 목표 상호의존성이 존재한다는 점이 다르다.

개별 학습은 자료를 가지고 자신에게 적합한 수준과 속도로 독립적으로 논쟁하는 수업이다. 그러므로 아무런 상호의존성이나 지적인 갈등이 존재하지 않는다. 이와 달리 논쟁중심 협동학습에서는 이질적인 구성원들이 모여서 논쟁 문제에 대하여 활발한 상호작용을 통해서 의견을 모으는 과정을 중요시한다. 그러므로 개별 학습과는 달리 상호의존성과 지적 갈등 양상이 두드러지게 나타난다(정문성, 1998).

협동학습에서 교사와 학생, 학생과 학생 간에 이루어지는 상호작용의 대부분은 의사소통을 매개로 한다. 특히 학교 급을 불문하고 교수·학습에서는 의사소통을 매개로 하여 최종적으로는 의사결정을 하는 과정이다. 이때 교사가 주도하여 의사를 결정하는 것은 일방적 지식 전달 위주의 방법이다. 따라서 교실에서 행해지는 의사결정은 한두 사람의 의견이 아닌 모든 학생의 적극적이고도 자발적인 참여에 의해 이루어져야 한다.

이러한 가정은 다음의 논지가 뒷받침해 준다. 셍게(Senge, 1990)는 협동적인 모둠학습(team learning)을 위해서는 타인의 관점이나 의견을 존중하면서 자신의 의견을 밝히는 가운데 서로의 생각들이 유연하게 교감할 수 있는 대화와 토론 문화의 정착이 필요하다고 주장한다. 이는 기능 전문화에서 비롯되는 벽을 해소하고 보다 신속한 혁신의 결과를 가져오기 위해 범 기능팀(cross-functional team)을 조성하여 학습 능력을 증진시켜야 할 필요성이 있기 때문이다. 이러한 협동적인 모둠학습은 집단 역할 이론에서 중요시 다루고 있는 문제 해결 과정, 의사결정과 의사소통 이론 등을 응용하여 집단적 문제 해결 내지 창의적 문제 해결에 기여한다(박홍국, 1993: 424).

따라서 학생들에게 어렸을 때부터 개인의 의사를 기반으로 하여 합리적으로 집단적인 의사를 결정하는 절차와 방법이 교육되어야 한다. 이와 같은 교육이 필요한 이유는 교수·학습에서 학습자 주도로 깊은 사고와 절차를 거쳐 합리적인 의사결정 과정이 이루어지는 학습과 학습능력이 우수한 상위 학생과 더불어 모든 학생들이 협동학습에 적극 참여하도록 하여 타인에게 잘 수용될 수 있는 의사결정을 하도록 돕는 방법적인 교육이 요구되기 때문이다. 따라서 이러한 요구에 충족하고 당면과제를 해결하는 적극적인 접근책으로 전통적인 의사결정 모형에 대한 대안이 될 수 있는 합리적이면서 효율적인 의사결정 모형이 요구되고 있다.

3 찬반(pro-con)논쟁수업모형의 특징과 학습 과정 이해

존슨과 존슨(Johnson & Johnson, 1994)은 협동학습에서 사용할 수 있는 독특한 논쟁수업모형을 제안하였다. 우선 그는 논쟁의 과정에서 일어나는 논리적이고 심리적인 계기를 추론하고 이러한 추론에 충실한 논쟁수업 절차를 얻고자 하였다.

그가 가정한 논쟁 과정은 첫째, 개인이 어떤 문제에 직면할 때, 그때의 불완전한 정보와 제한된 경험, 그리고 자신의 관점에 기초하여 최초의 가설적 결론을 내리는 것이다. 둘째, 개인이 그들의 결론을 주장하고 그 근거를 제시할 때 그는 인지적 리허설을 경험하게 되고 자신의 입장에 대해 이해하게 되고 높은 수준의 추론 전략을 사용하였다. 셋째, 개인은 다른 사람의 정보와 경험, 관점에 의한 다른 결론들을 접하면서 자신의 결론 정확성에 대해 회의를 품게 되고 개념 갈등과 불평형 상태를 경험하였다. 넷째, 개념 갈등, 불평형은 이러한 불확실성을 해결하기 위해 보다 많은 정보, 새로운 경험, 적절한 관점, 정확한 추론을 추구하면서 확산적 사고를 자극하였다. 다섯째, 새롭고 재개념화하고 재구성화된 결론은 조화롭고 고급 사고를 사용하는 가운데 얻어졌다.

이러한 가정에 근거하여 존슨과 존슨(Johnson & Johnson, 1994)은 찬반(pro-con)논쟁수업모형의 절차를 6단계로 구조화하였는데, 이는 1) 정보 조직과 결론 도출, 2) 자신의 입장 발표, 3) 반대 관점을 경험, 4) 개념갈등과 불확실성 경험, 5) 지적 호기심과 관점 채택, 6) 재개념화와 종합 및 통합 단계이다. 구체적인 절차는 다음과 같다.

1단계: 정보 조직과 결론 도출
(organizing information and deriving conclusion)

소집단에 각각 2인으로 구성된 미니 소집단은 서로 반대되는 입장을 선택하고 주어진 정보와 자료, 제한된 경험과 그들의 관점에 의해 자신들의 입장을 알리고 이를 뒷받침할 자료와 이론들을 조직하고, 이를 위해 잠정적 주장을 정리한다.

2단계: 자신의 입장 발표(presenting and advocating position)

미니 소집단은 문제 정의-사실 문제와 가치 문제의 확인 및 분석-연역적, 귀납적 등의 논리적 구조로 자기 의견 정리하기-상대방 비판할 증거 준비하기 순으로 절차를 진행하기 위해 현재 자신들이 알고 있는 정보, 자료, 경험에 근거하여 소집단 내에서 발표할 자신의 입장을 정리한다.

3단계: 반대 관점을 경험(being challenged by opposing views)
소집단 내 미니 소집단은 서로 자신의 주장이나 근거를 발표한다.

4단계: 개념갈등과 불확실성 경험(conceptual conflict and uncertainty)
학생들은 소집단 내에서 토론을 벌인다. 자신의 주장에 대한 상대의 비판을 반박하고 상대방의 주장을 분석하고 비판한다. 이는 상대방의 주장에 대해 관심을 가지게 하고 새로운 인지 분석을 자극하고 새로운 대안을 창조할 수 있게 한다. 이 단계에서 각 팀은 개념 갈등과 불확실성을 체험한다. 특히 협동학습구조에서의 이러한 지적 갈등은 그 불확실성을 해결하기 위해서 서로가 더 많은 정보를 탐색하기를 원한다. 즉, 지적 호기심이 증대된다.

5단계: 지적 호기심과 관점 채택
(epistemic curiosity and perspectives taking)
두 미니 소집단은 입장을 바꾸어 상대방을 위하여 상대가 주장하지 못했던 자료나 논리를 제시한다. 이것은 협동학습 구조이기에 가능하다.

6단계: 재개념화와 종합 및 통합
(reconceptualization, synthesis, and integration)
두 미니 소집단은 소집단 의견의 합의점을 도출한다. 이는 여러 대안 중 하나를 선택하는 것이 아니라 이제까지 나타난 여러 관점과 주장을 하나의 주장으로 종합하는 과정이다. 기존의 정보들을 재개념화하고 조직하여 합의된 주장을 만든다. 이 주장은 개연성이 강한 내용을 가지고 있으며 창조적인 작업이기도 한다.

이처럼 우선 논쟁이 발생했을 때 그 논쟁에 참여한 사람들은 일단 당시에 알고 있던 제한된 정보나 경험을 토대로 가설적인 결론을 내린다. 논쟁 참여자들은 자신의 입장을 주장하고 그 입장을 정당화시키려고 한다. 그러나 곧 반대자의 반박에 직면하게 된다. 그렇게 되면 개념적 갈등이나 불확실성을 느끼게 되고, 이는 지적 호기심으로 이어져서 보다 정확하고 많은 정보를 찾으려고 하며, 반대하는 사람들의 정보나 논리에도 관심을 가지게 된다. 이러한 절차 속에서 재개념화 단계를 밟게 되는데, 즉 고도의 지적 기능을 사용하여 탐구한 정보를 재조직하고 상대의 입장에 서 보기도 하면서 정확한 자기 입장을 취하고 분명한 논리로 정당화시킨다. 이 논쟁의 특징은 협동학습 구조로 학습자들이 모둠 내에서 활발한 상호작용을 통해 학습효과를 얻는 것을 본질로 하는 구조라는 것이다. 이를 위해 협동학습 구조는 사회적 기술을 매우 강조한다.

이처럼 찬반(pro-con)논쟁수업모형은 학생들이 소집단에서의 입장을 조율하고 재개념화하는 합의 과정을 거치도록 하고 있으나, 실제 생활에서 부딪히게 될 이해관계의 대립을 포괄하여 논쟁 문제를 집단적으로 다룸으로써 타인과의 합의를 통해 논쟁 문제를 해결하는 과정을 학생들에게 경험하도록 할 필요가 있다. 따라서 논쟁중심 협동학습 모형을 통해서 학생 개개인이 합리적인 의사결정 능력을 가졌다고 하더라도 집단적 의사결정이 꼭 합리적이거나 민주적인 절차에 의해서 이루어지는 것이 아니라는 전제하에 학생들의 집단 의사소통능력을 향상시키는 방향에서 전체적인 대안을 마련하는 단계까지 경험하도록 할 필요가 있다.

4 논쟁중심 협동학습 모형의 원리

논쟁중심 협동학습 모형에서 협동은 공동의 목적을 위해서 함께 일하는 것이다. 협동하는 상황에서 개인들은 자신과 모든 구성원들에게 유익한 결과를 추구한다.

추병완(2001)은 협동학습을 학생들이 자신과 서로의 학습을 극대화하기 위해서 함께 노력하는 소집단을 활용한 교수방법이라고 한다. 또한 변영계(2000)는 협동학습을 학습자 간의 의사소통과정에서 송신자가 보낸 메시지를 기호화하여 수신자가 충분히 해독할 수 있는 근거 자료를 제시하는 가치 있는 의사소통 학습이라고 정의한다.

논쟁중심 협동학습 모형은 논쟁적인 사회 문제에 대한 집단적 해결과정을 수업 상황에 적용한 학습 모형이다. 이 모형은 집단적 의사소통을 통해 민주적 합의를 이루는 의사결정 능력을 기르는 것을 목적으로 하고 있다. 여기서 가장 중요한 문제는 이해와 합의에 이르는 집단적 의사소통의 과정으로 수평적이면서도 상호보완적인 개방형 의사소통의 장점을 살리고 있다. 이는 논쟁적인 사회적 문제를 합리적으로 의사결정하는 데 매우 유익하다.

이 모형에서 합의(合意)는 '의지(意志)가 서로 부합한다, 맞다(合)'는 의미인데 의지(will)에는 이성(reason)이 포함되므로 합의한다는 것은 이성의 합의라는 뜻이 있다고 볼 수 있다. 따라서 이성적 합의만이 합의이지 다른 것이 작용한 합의는 진정한 합의가 아니다. 이성적 합의는 언어적 이성, 즉 의사소통 합리성을 통해서 발현된다. 즉, 상호 이해 지향적 의사소통 행위를 통해서 합의를 이룰 수 있는 것이다. 따라서 이 모형에서 의사소통능력은 합의의 도출을 위한 전제가 되는 핵심적인 능력이다.

민주주의에서 합의란 동일함에 대한 합의뿐만 아니라 차이에 대한 합의도 포함하는 양의적(兩意的) 개념이다. 즉, 투표에 들어갈 때 우리는 합의된 것과 합의되지 않은 것을 모두 갖고 있는데, 합의되지 않아 투표에 부쳐지는 불일치 지점까지는 서로가 공유하는 합의된 부분인 것이다. 투표에 이르기 전의 협상 과정에서 많은 부분이 합의되고 그 이후에도 차이가 나는 부분을 투표하는 것이다. 그러므로 이때 투표의 의미는 차이의 강조에 있는 것이 아니라 투표가 이루어진 토대의 범위만큼 합의가 이루어졌다는 것과 그 이상의 부분에 대해서는 서로에게 의견의 차이가 있다는 것을 인정하는 합의를 뜻하는 양의적(兩意的)인 것으로 볼 수 있다.

합의에는 내용 합의와 절차 합의 두 가지 유형이 있다. 내용 합의는 만장일치와 같은 완전한 합의로 의사결정의 과정에서 결정할 내용을 서로 간에 완전히 동의한 상태이다. 절차 합의는 투표를 거치는 경우에 내용의 합의를 이루지 못했지만 그럼에도 불구하고 한 집단의 단일한 의사를 결정해야 할 경우, 다수결에 의한 결정이라는 절차 합의까지만 이루어 내고 내용의 합의는 절차의 합의로 대신하도록 한 것이다. 그러므로 투표도 결국은 합의에 의해 이루어지는 것이다.

합의를 할 때 가장 중요한 것은 합의된 부분에 대한 존중이다. 완전한 합의를 이루지 못했다고 해서 이제까지 합의해 놓은 많은 부분을 무시하고 버리는 것은 민주주의의 기본 질서를 위반하는 것이다.

합의된 부분에 대한 절대적인 신뢰와 준수는 가장 기본적인 덕목이며 더 많은 합의를 위한 기반이 된다. 민주주의 사회의 의사결정 과정에서 투표를 하였을 때에도 투표에 의해 확인된 불일치에 대한 강조로 합의된 부분을 무시하는 것은 민주주의의 기본 전제를 파괴하는 것이다.

논쟁중심 협동학습 모형의 의사결정 과정은 집단적 의사소통의 과정이다. 왜냐하면 논쟁 문제 해결은 공적 의사소통 과정을 통한 공공의지의 형성과 이성적 합의를 본질적 가치와 절차로 인정하기 때문이다. 실제 사회에서 사회 문제 해결도 반드시 이익집단 간에나 시민들 사이의 다양한 가치로 인한 다양한 의견이 존재하므로 다른 의견들의 종합이 필요했다. 다양한 의견들의 종합 과정은 공청회나 토론회, 전문가의 세미나 등 공론 영역에서의 언어적 의사소통 과정을 통해 의견의 수렴이 이루어진다. 따라서 의사결정 과정을 직접 체험하고 실습할 수 있는 기회를 제공하는 것을 목적으로 하는 논쟁중심 협동학습 모형은 실제 사회와 마찬가지로 집단적 의사결정도 집단적 의사소통과정으로 이루어져야 한다.

제3장 초등학생들의 의사결정 과정에 관한 선행 연구

1 기존의 의사결정 수업 모형과 시사점

의사결정학습에 대한 연구는 앵글(Engle, 1960)이 학생들로 하여금 여러 논쟁점과 문제들에 대한 충분한 반성적 사고와 가치 선택을 거쳐 의사결정에 이르게 하는 것이 사회과 교육의 중심이 되어야 한다고 주장한 이래 사회과의 목표로서 주목받기 시작하였다. 그러나 시민적 자질로서 본격적인 논의가 시작된 것은 1970년대부터 이다. '신사회과'가 1960년대 미국의 사회 문제를 간과함으로로써 사회과 교육의 사회적 효용성에 대한 비판이 제기되자 본격적으로 제기되었다 (Engle & Ochoa, 1988).

1990년대 이후, 우리 사회과 교육에서도 종래의 문제해결학습, 탐구학습에 두어졌던 강조점을 의사결정학습으로 돌리는 경향이 나타나고 있었다. 그러나 의사결정학습에 대한 관련 연구는 이제 시작 단계에 있어, 그 본질에 대한 이해는 깊지 못한 실정이었다(최용규, 1997: 31).

이러한 상황하에서 지금까지 개발된 국내외 대표적인 의사결정 학습 모형을 소개하면 다음과 같다.

앵글과 오초아(Engle & Ochoa, 1988)의 의사결정 모형은 민주주의 이상을 체험할 수 있는 기회를 사회과 수업에서 제시할 수 있는 방안으로 개발되었는데, 특히 정치적인 의사결정과 관련된 문제를 중심으로 구성되었다. 현실에서 발생하는 사회 문제 중 기존 교육과정의 주제와 연관될 수 있는 것을 선택하여 7단계를 거쳐 의사결정을 해 나가도록 하였다. 앵글과 오초아(Engle & Ochoa, 1988)의 의사결정 모형에는 개인적 의사결정에 치중하여 타인과의 이해관계 대립으로 인해 발생하는 문제까지 해결하기 어렵다는 제한점이 있었다. 그러나 사회 문제에 포함된 다양한 가치와 그에 따른 결과를 폭넓게 고려함으로써 사회 문제의 복잡성을 이해하고, 문제에 포함된 다양한 탐구 질문을 통해서 고등사고력을 신장시키도록 하는 장점을 지녔다.

뱅크스(Banks)는 의사결정을 사회과의 주요 목표로 보고 이를 위해 사회 탐구와 가치 탐구의 과정을 통하여 의사결정 과정에 도달하는 수업 모형을 제시하였다. 이 모형은 사회 탐구를 통해 획득한 사회적 지식과 가치 탐구를 통해 명료화된 가치를 관련시켜 의사결정을 한 후 결정에 따른 사회적 행동을 하는 과정으로 구성되어 있으며, 합리적인 의사결정을 통한 지적인 사회적 행위자(intelligent social actor)를 기르는 것을 목적으로 하고 있다(Banks, 1995: 435~446). 그러나 뱅크스(Banks, 1995)의 의사결정 모형에는 몇 가지 문제점이 있었다.

첫째, 의사결정 문제가 대부분 개인적인 문제와 사회적인 문제로 양분되는 것이라고 보았으나, 실제 의사결정 문제는 주어지는 상황인 동시에 의사결정자가 심리적으로 느끼는 것이기 때문에 단순히 개인 문제와 사회 문제로 나누기는 어려웠다. 의사결정 문제에는 열등감과 같은 주관적인 개인 문제와 성적, 진학 등의 객관적 개인 문제가 있었다. 그리고 객관적 사회 문제로서 빈곤, 환경오염, 자원 고갈 등의 문제가 있고 사회의 불의를 없애기 위해 풍차와의 대결을 마다하지 않는 돈키호테와 같은 주관적 사회 문제를 들 수도 있었다. 이와 같이 대부분의 의사결정 문제가 주관적 문제인 동시에 객관적 문제이며 개인적인 문제인 동시에 사회적 문제이기 쉬웠다.

둘째, 이 모형은 사회 탐구와 가치 탐구를 분리해서 의사결정 모형에 배치하였다. 즉, 지식과 가치를 이분법적으로 나누었다. 그러나 우리는 의사결정 상황에 직면하면 우선 문제를 분명히 하고, 잠정적인 판단을 한 후, 더욱 합리적인 결정을 하기 위해 정보를 수집하였다. 환언하면 가치 탐구와 그 산물인 가치가 사회 탐구를 안내하며 유용한 지식을 얻게 하였다. 그러므로 의사결정 과정은 가치 판단의 과정이며 지식 획득은 가치 판단의 수단으로 사용되므로, 사회 탐구와 가치 탐구는 별개의 과정이 아닌 하나의 연속선상에 있었다.

셋째, 의사결정 과정 모형임에도 불구하고 의사결정에 관한 상세한 논의가 빠져 있었다. 단순히 사회 탐구와 가치 탐구를 한다고 해서 합리적인 의사결정을 한다고 할 수는 없다. 학생들이 어떻게 의사결정하는지를 단계별로 살펴보아야 할 필요가 있다.

마시알라스와 허스트(Massials & Hurst, 1978)의 집단의사결정 모형은 개인적 의사결정 과정과 집단의사결정 과정을 결합한 모형이다. 이 모형에서 개인은 우선 개인 과정을 통해 개인의 의사결정 과정을 하게 된다. 이것은 개인적 의사를 최대한 집단의 것으로 확장하려는 것이었다. 먼저 문제를 인식하고 정의한 후 대안을 개발하였다. 그리고 자신의 대안을 평가하고 최선의 대안을 선택하는 활동을 하는 것이었다. 여기까지가 개인적 의사결정이고, 집단적 의사결정 모형에서는 여기서 집단 과정에 참여하게 되는데 마시알라스와 허스트(Massials & Hurst, 1978)는 집단적 의사결정을 같은 의견을 가진 사람 찾기, 행동에 따른 결과 검토, 의견이 다른 사람에게 지지 호소, 협상과 타협, 투표에 앞선 제안 설명, 투표, 결정의 실행 등과 같이 7단계로 제시하였다. 이러한 집단의사결정 모형은 사회 문제나 논쟁이 되고 있는 공적인 문제에 관한 문제 해결과 의사결정의 집단적 과정을 학생들이 경험하고 연습할 기회를 제공하기 위해 설정된 의사결정 학습모형으로 다음과 같은 몇 가지 한계점을 찾을 수 있었다.

첫째, 집단모형의 집단성을 규정하는 핵심 과정인 대안의 개발과 선택이 개인 의사결정 모형과 같이 개인적으로 이루어졌다. 집단의사결정 모형이 집단모형인 것은 문제의 성격과 의사결정의 주체가 집단이기 때문이었다. 그러나 이 모형은 개인적으로 의사결정을 하는 다수가 집합해 있을 뿐이었다. 진정한 집단의사결정이 되려면 서로의 의견을 모아 집단적으로 대안을 개발하고 형성하는 과정이 있어야 했다.

둘째, 토론의 과정이 의사를 형성하는 과정이 아니라 일방적 설득과 의견의 경쟁이며 승패를 건 대결의 과정으로 인식되고 있다는 점이었다. 집단 토론에 참여하는 상대방을 설득할 대상으로만 볼 것이 아니라, 상대방과 그 의견을 존중하고 서로 토론을 통하여 이해하고 타협과 협상을 통해 합의점을 찾는 과정이라고 보았다.

셋째, 집단적 의사결정 과정에서 투표를 반드시 거쳐야 하는 과정으로 전제함으로써 자동적으로 의견의 합의 가능성을 배제하고 있다는 점이었다. 투표를 통해 하나의 입장을 선택하도록 함으로써, 문제를 근본적으로 해결하기보다는 단순화하여 형식적인 절차를 거치도록 하였다. 그러나 문제를 해결하기 위해서 어떤 입장을 선택하는 것도 중요하지만, 다양한 의견들을 반영하고 종합하여 합의를 이루도록 하였다.

스탈(Stahl, 1994)의 에피소드 모형은 가치수업에서 학생들이 선택하고 결정해야 할 문제를 지닌 가치 대상에 대해 가장 합리적인 판단을 도출해 나가며, 구성원 간의 적극적이고 긍정적인 상호작용을 강조하는 집단모형이었다. 그러나 이 모형은 교사가 대안이 담긴 에피소드를 제시함으로써 학생들의 요구나 다양한 창의적 사고를 지나쳐버릴 수 있었다. 그리고 가치는 사람마다 다르기 때문에 의사결정 시 집단 구성원 모두가 한 가지의 가치에 동의하는 것은 가능하지도 않고, 바람직하지도 않았다. 또한 의사결정자는 일단 여러 가지 대안의 결과를 예측한 후 각 대안의 질(quality)을 평가하고 가장 좋은 대안을 선택해야 함에도 불구하고, 에피소드 모형에서는 이 활동 단계를 소홀히 하는 경향이 있었다. 사회적 행동이 없는 의사결정은 실제적 결과가 없는 하나의 지적인 훈련에 불과하므로 반드시 선택에 따른 행동이 이루어져야 했다.

이상과 같이 의사결정 모형들을 살펴본 결과 다음과 같이 요약할 수 있었다.

첫째, 의사결정에 관한 모형들은 모두 사회과학적 탐구 과정과 가치 탐구 과정의 두 과정을 포함하고 있다는 점이었다. 의사결정은 결국 이러한 상이한 성격의 과정을 거쳐서 최종적으로 이루어진다고 할 수 있었다.

둘째, 각 모형들은 사고의 과정이 대동소이하나 용어의 차이로 인한 혼란을 주고 있었다. 의사결정 모형들이 정립되기 위해서는 용어가 단일화되어야 할 필요성이 있었다.

셋째, 스탈(Stahl)의 강제 선택 전략과 만장일치를 통한 대안의 선택은 강제적인 성격을 지니고 있었으며 다른 모형은 다수결에 의한 자유 선택적인 성격도 지니고 있었다. 이것은 민주주의 사회에서 의사결정 과정에 있어서 선택의 다양성이 인정되는 경우와 어떠한 합리적인 방식으로 합의가 필요한 경우가 있다는 것을 시사하고 있었다.

앞서 언급한 것처럼 기존의 의사결정수업 모형의 공통적인 한계는 의사결정 문제에 관한 사실을 확인하거나 갈등하는 가치 중 하나를 선택함으로써 의사결정 문제가 해결된다고 보는 것이었다. 결국 의사결정 문제에 대한 개인의 가치 선택이 의사결정 문제의 해결이라고 보는 입장이었다. 그러나 실제로 개인이 자신의 입장을 정한 개인이나 집단이 서로 다른 입장을 조정하여 합의에 이르러야 문제가 해결되는 것이었다.

이 연구에서 개발하고자 하는 새로운 논쟁중심의 협동학습 모형은 개인의 의사결정을 포함하되 그 단계를 세부적으로 다루기보다는 타인과의 가치 대립과 이해 상충을 조정하여 집단 모두의 합의를 도출하는 과정에 초점을 두고 있었다. 이때 합의를 도출하는 과정이 바로 협동학습을 적용한 바람직한 의사소통의 과정이었다.

이 연구에서는 소집단을 이용한 집단 학습 구조를 채택하고 있었다. 그 이유는 합의가 타인을 전제로 하며 상대방을 이기는 것이 아

니라 함께 합의를 도출하는 것을 목적으로 하기 때문에 실제 교실 수
업에서 흔히 볼 수 있는 개별 학습 구조나 경쟁학습 구조는 부적절하
기 때문이었다.

이 연구에서 새로 개발하고자 하는 논쟁중심 협동학습 모형은 기
존의 의사결정 수업 모형을 확장시킨 모형이라고 할 수 있었다. 기존
의 모형들이 논쟁 문제에 대해 개인이 자신의 입장을 결정하는 과정
을 주목한 반면, 이 연구에서는 개인의 입장뿐만 아니라 집단의 의견
까지 합의를 이끌어 내는 것을 모두 포괄하는 모형을 개발하고자 하
였다. 다시 말해 의사결정 문제 해결의 의미를 확장시키기 위한 모형
을 개발하고자 하였다.

기존의 모형이 개인의 입장 정립에서 그친 것은 의사결정 문제에
서 한 발 떨어져 객관적으로 바라보려 하였기 때문이었다. 이와 다르
게 이 연구에서는 자신의 입장을 정리한 개인이나 집단이 실제 의사
결정 문제 해결에 뛰어들어 자신과 다른 입장을 가진 개인이나 집단
과 함께 논쟁중심 협동학습 모형을 통하여 합의를 도출하는 과정에
중점을 두고자 하였다.

2 논쟁중심 수업에 관한 국내외 선행 연구

우리나라에서 과거에는 경직된 정치·사회적 풍토로 인하여 논쟁
문제가 거의 제기되지 못했었다. 그러나 미국과 영국에서는 20세기에
들어서면서부터 사회과의 논쟁 문제 교수가 활발하게 연구되기 시작
하였다. 1936년에 미국 사회과 교육학회(NCSS)의 학술지인 사회과 교
육(Social Education)이 하치(Hatch)의 『교실에서의 논쟁 문제』를 출판한

이래 이 문제가 해마다 논의되었다. 1951년에는 미국 사회과 교육학회(NCSS)가 21차 연차대회 논문집에서 '학교에서의 논쟁 문제 취급'을 다루었다. 1961년 미국 전국교육협회(NEA)는『교실에서의 논쟁 문제』라는 책자를 출판하였다. 이 시기에 저명한 사회과 교육의 지도자들이었던 그로스(Gross), 헌트(Hunt), 매트카프(Metcalf) 등이 이 문제와 관련하여 많은 활동을 하였다(차경수, 2000 재인용).

그 후로 1966년 올리버와 쉐이버(Oliver & Shaver)가 공동 저작인『고등학교에서의 공공문제 교수(Teaching Public Issues in the High School)』를 발표하여 교실에서 이 문제를 교수하는 모형을 체계화시켰다. 그들은 사회과 영역에서 논쟁 문제를 추출하여 교육과정을 구성하여 이것을 세 학교에서 실험적으로 교수하였고, 그 결과를 평가하여 실험집단과 통제 집단을 비교하였다. 올리버와 쉐이버(Oliver & Shaver)는 그들이 개발한 교육과정과 교수방법이 논쟁 문제에 대해 일정한 입장을 취하고, 그 입장을 정당화하는 지적 분석력을 기르는 데 효과적이었다고 결론지었다. 그러나 사회의 기본적 가치를 중요시하여 그것을 비판의 대상에서 제외했기 때문에 보수적이라는 비판을 받고 있었다.

뉴만과 올리버(Newman & Oliver, 1970)는 올리버와 쉐이버(Oliver & Shaver)의 법리모형을 교실현장에서 사용할 때의 구체적 과정을 상세히 서술한『사회과에서의 공공적 논쟁 문제의 명료화』라는 저서를 출판하여 교육 현장에서 널리 적용할 수 있도록 하였다.

1975년에는 미국 사회과 교육학회(NCSS)에서 45차 연차대회 논문집으로『사회과에서의 논쟁 문제: 현대적 전망』을 출간하였다. 이 논문집에서 스위니와 파슨스(Sweeny & Parsons)는「논쟁적 사회 문제를

위한 교사의 준비와 모형」이라는 논문에서 선택과 제시, 분석, 분류
와 비교, 명료화, 반성, 응용의 6단계의 모형을 제시하였다. 이 모형은
올리버와 쉐이버(Oliver & Shaver)의 모형만큼 포괄적이지는 않지만 논쟁
적 가치의 문제를 해결하는 데 큰 도움이 되고 있다(Muessing, ed., 1975).

1980년대 뱅크스(Banks)는 논쟁적 문제만을 위한 수업 모형을 제시
하지는 않았지만 의사결정을 사회과의 중요한 목표로 하고 이를 위
해 사회과학적 탐구와 가치 탐구의 과정을 통해 의사결정에 도달하
는 수업 모형을 제시했다(Banks, 1990). 교수 단계를 매우 세분화했으
며 사회탐구 과정은 올리버-쉐이버(Oliver & Shaver)모형의 경험적 사
실 확인 단계라고 할 수 있고, 가치 탐구 과정 역시 비슷하다고 할 수
있었다.

존슨과 존슨(Johnson & Johnson, 1994) 등은 논쟁에 관하여 많은 연
구와 실험을 수행하였는데, 특히 협동학습 구조에서의 논쟁 학습 모
형을 구안하는 데 주력하였다. 1996년에는 사회과 교육(Social Education)
60집 1호에서 논쟁 문제를 특집으로 다루었다.

우리나라에서는 차경수(1984)가 논쟁 문제에 대해서 관련된 지식과
이론을 학습하고 학생들 자신이 어떠한 입장을 선택하도록 한 후, 자
기가 선택한 입장을 정당화하기 위하여 목적과 교육과정 구성 그리
고 교수와 평가의 단계를 거치는 한국 현실에 적합한 논쟁 교수 모형
을 제안하였다. 조영달(1992)은 합리적 이익추구 의사결정 모형을 구
안하여 경제 문제를 예로 한 논쟁 문제 학습에 대한 논문을 발표하였
다. 그 후 논쟁중심 수업 모형에 대한 연구는 조영제(1998), 구정화
(1999), 노경주(2000) 등과 같은 여러 학자들에 의해서 이루어졌다.

그런데 논쟁중심 교육에서 학습 효과들을 뒷받침하는 연구들은 주

로 중등학교에 초점이 맞추어져 있으며, 초등학교 수준에서는 거의 이루어지지 않고 있었다(Hahn, 1996: 25). 이는 논쟁점이 가지는 기본 속성에서 기인한 것으로 학생들이 갖지 못한 정교한 사고 능력을 필요로 한다는 것과 어떤 경우에는 정서적으로도 좋지 못한 영향을 끼칠 수도 있다는 것 때문이었다(Servey, 1981; Gross, 1989). 그러나 이러한 가정은 아직까지 논리적인 근거에 의해 뒷받침되지 못하고, 선언적 수준에 머무르고 있었다. 이러한 가정이 타당성을 확보하려면 적어도 쟁점중심 교육이 어떤 학교 수준에서 시작되어야 하고, 만약 초등학교에서 실천될 수 없다면 그 구체적인 근거는 무엇인지에 대한 증거들이 뒷받침되어야 하였다. 반대로 초등학교 학생들에게도 적용될 수 있다고 한다면 학생들이 이를 어떻게 받아들이고 처리해 내는지에 대한 증거들이 뒷받침되어야 하였다(노경주, 2001).

우리나라의 경우에도 논쟁중심 교육에 대한 논의는 중등 수준에 머무르고 있는데, 이것은 반세기라는 우리나라 사회과 역사에 비추어 볼 때 극히 최근에 시작된 것이었다. 사실 초등 사회과에서의 논쟁중심 교육에 대한 연구는 매우 드물지만, 지금까지 보고된 연구들은 초등학생들에게도 논쟁중심 교육이 가능하다는 것을 지지하고 있었다.

초등 수준에서의 논쟁중심 교육에 대한 연구를 분류해 보면 두 가지 종류로 나누어 볼 수 있었는데, 첫째 부류의 연구는 초등학교 학생들에게도 논쟁중심 교육이 필요하지만, 실행단계에서 생기는 어려움을 극복하기 위해서는 교수법, 교수 단원 조직에 유의해야 한다는 점을 강조하고 있었다. 그리고 교실 수업에서 교사가 이러한 것들을 어떻게 해 나가는지를 밝히고 있었다(Mcbee, 1996).

이에 반해서 둘째 부류의 연구는 초등학생들도 인지적으로 쟁점을 다룰 수 있음을 밝히고 있어 주목할 만하였다. 그러나 이들로 초등학생이 쟁점에 대해 정서적으로 어떤 반응을 보이는지에 관해서는 언급하지 않았다는 한계를 드러내고 있었다.

이러한 관점에서 구체적으로 살펴보면, 라이트 및 사이몬(Wright & Simon)은 논쟁중심 수업 모형을 6학년 학생들에게 적용한 결과, 사회적 쟁점에 대한 무관심의 감소, 사회 참여에 대한 의지 제고, 사회적 쟁점의 탐구에 효과적이었음을 보고하였다. 파커, 맥다니엘, 발렌시아(Parker, McDaniel & Valencia, 1991) 역시 6학년 학생을 대상으로 연구하였는데, 많은 학생들은 논리적 대화를 통한 추론 방법을 이미 알고 있으며 논쟁중심 교육과정에서 요구하는 지적 활동을 훌륭히 해낼 수 있다고 보고하고 있었다. 그리고 자연주의적 사례 연구법에 의해서 수행된 칠코트 및 리곤(Chilcoat & Ligon, 2000)의 연구는 5, 6학년 담당 교사들과 그들의 학생들을 대상으로 앵글 및 오초아(Engle-Ochoa)의 의사결정 모형을 적용한 결과, 논쟁중심 교육은 초등 사회과에서 효과적으로 수행될 수 있다고 보고하고 있었다. 이외에도 경험적 연구를 수행한 것은 아니지만 맥비(McBee, 1996)와 스킬(Skeel, 1996)은 쟁점중심 교육과정 및 교수법에 대한 제안을 통해서 초등 사회과에서 쟁점중심 교육의 중요성을 강조하고 있었다.

국내 초등 사회과에서의 논쟁중심 교육에 대한 연구 자료는 풍부하지 않다. 더욱이 우리나라 초등 교육현장에서의 논쟁중심 교육에 대한 논문은 최근에 몇 편이 나왔을 뿐이었다. 그 연구 결과들을 보면 학생들이 소집단 중심의 집단의사결정 과정에 적극적인 참여 태도를 보였고, 집단의 이익과 개인의 이익을 조율하는 방법을 익혔으며, 초등학교 단계에서도 학생들의 사고력과 의사결정 능력이 향상되고 있음을 알 수 있었다. 장은정(2007)은 초등학교 4학년을 대상으로 경제 수업에서 의사결정 능력을 기르기 위한 연구를 실시하였다. 연구 결과, 초등 사회과 경제 수업에서의 의사결정 학습은 문제 상황을 충분히 이해하고 검토하며 해결방안을 찾아 결정하는 과정을 통하여 학생들이 사회를 보는 안목을 길러 줄 뿐만 아니라, 의사결정 과정에서 소집단 간의 상호작용이 이루어져서 학생들의 의사전달 및 표현 능력과 의사결정 능력을 향상시킨다고 보고하였다. 강진선(2008)은 초등 사회과 4학년을 중심으로 한 합리적 소비의식 함양을 위한 의사결정 학습에 관한 연구에서 의사결정 학습에서 제시되는 문제 상황이 생활과 밀접한 관계를 맺고 있는 내용으로 수업이 전개되면서 학생들이 진지하고 적극적인 참여로 학습에 대한 관심과 의욕이 높아졌다고 보고하고 있었다.

전통적인 방법과 비교해서 협동적인 의사결정을 내리는 모형 개발과 효과성에 대한 연구들도 있었다. 김일남(2003)은 협동적 의사결정 수업모형을 적용한 결과 전통적인 수업 방법에 비하여 학습동기가 높아졌고, 긍정적 자아 개념과 상호의존성이 향상되었다고 하였다. 또한 학생들은 합리적인 사고와 이성을 최대한 활용하여 합리적인 의사결정 능력을 기를 수 있다고 보고하였다. 정연희(2009)는 스탈(Stahl)의 의사결정 에피소드 협동학습 모형을 초등학교 사회과 수업에 직접 적용하여 보고 그 효과를 살펴본 결과, 대안 선택의 긍정적·부정적 결과를 예측하여 대안을 평가하고 그 평가 결과에 따라 각 대안을 서열화하는 활동을 통해 학생들의 사고력 및 의사결정 능력이 많이 향상되었다고 하였다. 배진숙(2009)은 초등학생의 의사결정 과정 분석이라는 논문에서 집단적 의사결정 상황에 내재하는 가치에 보다 큰 관심을 기울일 필요가 있으며, 학생들의 의사소통과 상호작용으로 인해 의사결정의 가치 판단 준거가 한 단계 높아졌다고 보고하였다.

이에 반해 민윤(2006)은 초등학생들의 논쟁중심 교육의 효과에 대하여 긍정적이지 않은 견해를 나타내었다. 그는 초등학생들이 기초 지식이나 정보가 부족하고 발달상 성숙하지 못하여 논쟁중심 교육의 효과가 낮다고 주장하였다. 물론 논쟁중심 교육이 기초 지식 없이 행해질 수 있는 것은 아니다. 그러나 중요한 것은 학생들이 그들의 수준에서 도전적인 과제를 다루어 가면서 선행 지식을 끌어내고 필요한 정보를 획득하고 새로운 지식을 쌓아 가는 것이다. 따라서 사회과 교육의 목적이 고등사고력의 함양에 있다면 이를 길러 줄 수 있는 쟁점중심 교육을 초등학생 단계에서부터 적극적으로 지도해야 한다.

지금까지 살펴본 선행 연구들은 학습자들이 쟁점중심 학습을 통해서 의사결정을 하는 과정을 분석하고 기술하고 있지만, 실제 학생들 사이에서 일어나는 의사결정 과정에서의 사고과정에 대한 깊이 있는 관찰과 그에 따른 해석은 체계적으로 이루어지지 않고 있었다. 이런 부분의 연구가 부족한 것은 사회과 논쟁학습을 통한 의사결정 과정 사례를 어떻게 보아야 할 것인지에 대한 연구가 부족하기 때문이고, 현재 학습자의 상황에 대한 이해도 제대로 되어 있지 않기 때문이었다. 따라서 기존 연구들에서 발견된 문제점을 바탕으로 본 연구는 논쟁중심 협동학습 과정에 대한 이론적 검토를 체계화하면서 실제 초등학생들의 의사결정 과정에 대한 관찰을 통해서 그 특징을 심층적으로 탐색하였다.

Part 2

의사결정 함양을 위한 학습모형 개발 과정

제4장 논쟁중심 협동학습 모형의 개발

1 논쟁중심 협동학습 모형의 개발 방향

본 연구에서는 초등학교 사회과 수업에서 논쟁 문제를 다룰 때 효과적인 것으로 알려진 존슨과 존슨(Johnson & Johnson, 1994)의 찬반(pro-con)논쟁수업모형을 기초로 하여 한국 현실에 적합한 논쟁중심 협동학습 모형을 제안하고자 하였다.

존슨과 존슨(Johnson & Johnson, 1994)은 찬반(pro-con)논쟁수업모형에서 정보 조직과 결론 도출 단계에서는 학생들이 제한된 경험과 불완전한 정보에 기초해 잠정적 결론을 내렸다. 자신의 입장 발표 단계에서는 자신의 주장과 이유를 발표하고 지지를 호소하였다. 반대 관점을 경험하는 단계에서는 다른 관점을 가진 학생들의 주장을 경험하고 서로 주장을 비판하였다. 개념 갈등과 불확실성 경험 단계에서는 학생들이 개념적 갈등을 경험하도록 하였다. 지적 호기심과 관점 채택 단계에서는 보다 분명하고 자세한 정보를 얻으려는 욕구와 관점의 변경을 통해 보다 분명한 입장을 선택하려고 노력하였다. 마지막으로 재개념화와 종합 및 통합 단계에서는 학생들이 더 수집된 정보와 재개념화로 자신의 입장을 종합하고 통합하였다.

논쟁은 가장 강력하면서도 중요한 수업 방법들 가운데 하나로 학구적인 논쟁은 보다 진보된 형태의 협동학습이었다. 존슨과 존슨(Johnson & Johnson, 1994)은 학구적인 논쟁을 조직화하는 기본 형식을 다음과 같이 설명하였다.

(1) 학생들이 다룰 수 있으며, 적어도 두 가지(찬성과 반대)의 증거 자료를 잘 갖추고 있는 주제를 선택한다.

(2) 집단 구성원들이 자신들에게 부여된 입장과 보조 정보를 찾을 수 있는 곳을 알 수 있도록 수업 자료를 준비한다.

(3) 학생들은 4인 1모둠으로 편성하고, 각각의 집단을 다시 2인 1모둠으로 나누어 한 모둠은 긍정적인 입장에, 다른 한 모둠은 부정적인 입장에 서게 한다. 학생들이 주제에 대하여 합의하고 모든 구성원들을 평가할 수 있는 양질의 보고서를 작성하는 것이 협동의 목적임을 강조해 주어야 한다.

(4) 각각의 2인 1모둠에 자신들의 입장 및 그것을 위한 지적 논거와 정보를 학습하는 협동 과제를 부여한다.

(5) 각각의 2인 1모둠이 상대 모둠에게 자신들의 입장을 표명한다. 집단은 그 주제에 대하여 토론하고, 반대의 입장과 그 입장의 논거를 비판적으로 평가하며, 두 입장의 강점과 약점을 비교한다.

(6) 이번에는 2인 1모둠이 입장을 바꾸어 자신들이 비판했었던 입장을 성실하고 강력하게 옹호할 수 있게 한다. 처음에 입장을 취했던 2인 1모둠의 학생들이 이번에는 찬성 입장을 취해 보도록 하는 것이다.

(7) 마지막으로 집단 구성원들이 자신들이 옹호했던 입장을 포기하고 합의에 이르러 공동의 입장과 증거, 논리를 포괄하는 집단 보고서를 쓰게 한다. 개별적인 능력을 확인하기 위해서 교사는 두 입장의 내용에 대한 테스트를 실시하여 모든 구성원들이 일정 기준 이상의 점수를 받은 집단에게 보너스 점수를 준다.

그런데 사실 학생들이 서로의 입장을 교환하여 충분히 논쟁 문제에 대하여 의견을 나누었다고 하더라도 대안을 마련하여 결론을 내릴 때에는 다른 양상을 보이기도 하였다. 학생 개개인이 합리적 의사결정 능력을 가졌다고 해서 집단적 의사결정이 꼭 합리적이거나 민주적으로 전개되는 것은 아니었다. 개개인의 의견이 서로 상충할 때 어떻게 그 갈등을 원만히 해결할 것인지는 개개인의 지식과 의사결정 능력의 총합과 같은 것은 아니기 때문이었다. 학생 개개인들은 각자 합리적이고 현명한 의사결정자라 하더라도 집단적인 과정에서 개인들의 이성을 발현하는 과정에는 서툴고 비협조적일 수도 있는 것이었다. 따라서 학생들이 의사소통 능력을 향상시키기 위해서는 현실 상황과 같은 집단적 협동학습 경험이 필요했다.

이처럼 논쟁중심 협동학습 모형에서 의사결정을 위한 학생들 간의 의사소통은 합의와 동의 및 동일성을 확보하는 것을 목표로 하는 것으로 이해할 수도 있지만, 현실적 의사소통에서 나타나는 바와 같이 지속적인 불일치와 차이를 산출하기도 하였다. 현실적 의미에서 의사소통은 차이의 지속적 산출로 이해될 수 있었다. 차이는 일반적으로 생산적일 수 있었다. 학생들이 합의를 형성하는 것이 아니라 차이를 산출하기 때문에 의사소통은 촉진될 수 있었다. 그러므로 논쟁중심 협동학습 모형에서 가장 중요한 것은 집단적 의사소통의 과정이라고 하겠다. 이 과정을 통해 학생들은 불일치와 차이를 생산적인 동력원으로 전환할 수 있는 의사소통 능력을 기를 수 있기 때문이었다.

이러한 절차를 반영한 논쟁중심 협동학습 모형을 개발하기 위해서는 구성원 간의 적극적이고 긍정적인 상호작용을 강조하는 협동학습 구조가 적합하다. 이 구조를 바탕으로 하여 개인적 의사결정뿐만 아니라 집단적 의사결정 과정에서 이해와 합의가 기반이 되는 의사소통을 고려하여 개발할 필요가 있었다. 이를 반영하여 논쟁중심 협동학습 모형의 구성요소를 추출하고 [그림 1]과 같이 개념화하였다.

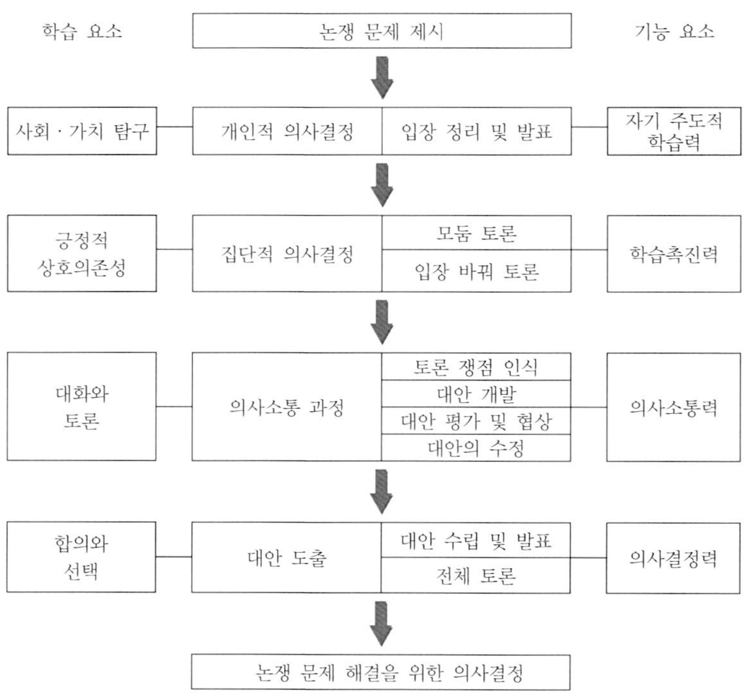

[그림 1] 논쟁중심 협동학습 모형 개념도

　논쟁중심 협동학습 모형에서 의사결정을 위한 학생 상호 간 의사소통은 지속적인 불일치와 차이 등을 적절한 수준에서 생산적이고 발전적인 계기로 변화하는 불안정한 안정체계였다. 또한 상호작용하는 학생들이 의사소통에 의한 합의에 토대를 두는 체제였다.

2 논쟁중심 협동학습 모형 개발 기준

　논쟁중심 협동학습 모형은 개념도 [그림 1]에 근거하여 개발하였으며 개인적 의사결정과 집단적 의사결정을 통합하고 구성원 간의 적극적이고 긍정적인 상호작용을 강조하였다. 학생들이 의사결정을 요하는 논쟁 문제에 대하여 합의에 이를 만한 최적의 대안을 선택하고, 대안을 선택하는 개인적 의사결정이 최대한 집단 의사결정이 되도록 하였다. 또한 집단 구성원 간의 적극적이고 긍정적인 상호작용을 통해 타인의 의견을 존중하면서 유연하게 교감할 수 있도록 하였다. 이를 위하여 교사는 학습 지원자로서의 촉매 역할을 다하는 것이 그 무엇보다도 중요하였다.

　이런 관점에서 좀 더 정교하고 새로운 교육모형을 개발하기 위하여 논쟁 문제의 인식론적인 측면과 실천적인 측면에서 다음과 같은 몇 가지의 강조점을 제시하였다. 첫째, 논쟁적인 문제의 교육에 있어서 일방적인 주입식 위주의 교육이 아니라 충분한 자료를 토대로 한 활발한 토론이 전개되어야 하였다. 둘째, 토론의 바탕으로서 증거 위주의 언어 사용과 토론 행동이 매우 중요하다. 적절한 증거들이 많이 등장함에 따라 토론은 그 깊이와 폭이 더욱 넓어질 것이며, 토론자의 현장을 탐구하는 능력도 더욱 높아질 것이었다. 면담 결과나 책으로

부터의 인용, 신문의 기사, 사진, 통계자료, 사실적 소설 등의 자료들은 토의되는 주제의 이해를 깊게 하고 그 주제에 대한 탐구를 돕는 한 모두 증거가 될 수 있었다. 셋째, 교사는 토론의 질과 공정성을 유지해야 하였다. 토론의 절차와 방법을 교육해야 하며 학생들이 그들의 주장이 정당성을 잃으면 다른 주장에 어느 정도 양보해야 함을 내면화시켜야 하였다. 넷째, 절차적 규범에 대한 교육을 강화해야 하였다. 논쟁 문제의 토론은 그 진행 규칙이 철저히 엄수되어야 하며 그것에 대한 교육은 매우 중요하다. 토론은 그 자체가 주장과 반대 주장이 대립하는 것이기 때문에 주장의 일관성과 증거자료의 정확성이 깊이 고려되고 유지되어야 하였다. 다섯째, 전체적인 토론과 의사결정의 과정에서 각 집단이나 개인이 자신의 주장을 전개하는 사고나 행동의 기본 원리는 긍정적인 상호의존성을 바탕으로 한 집단적 의사소통이다. 기본적으로 집단적 의사결정의 사고 및 행동 원리는 대화와 타협에 의한 합리성에 근거한 사고와 행동의 원리를 말하며, 이러한 태도를 가지는 것이 이 모형의 핵심이라고 할 수 있었다.

논쟁 문제에 대하여 찬반 토론을 한 후에는 모둠의 대안을 수립하기 위하여 의사결정 과정이 진행되는데, 이것은 합의에 이르고자 하는 과정이었다. 합의를 이루기 위한 과정은 대화와 토론에 의해 이루어지는 협상과 타협의 과정이었다. 결국 의사결정을 하는 과정은 대화와 토론의 과정이고, 의견의 차이를 인정하고 타인과 의사소통을 하는 과정이었다. 이 단계에서 집단 의사소통의 과정을 경험할 수 있는 기회를 제공하였다.

3 논쟁중심 협동학습 모형의 단계적 활동 요건

논쟁 주제를 선정하고 수업 자료를 재구성했으며, 이를 위한 학습 훈련 방안을 다음과 같이 세웠다. 목표 설정의 측면에서, 논쟁 수업에서의 내용과 과정 목표를 분명히 해야 한다. 학생들이 교육과정상의 단원 목표를 달성하는 데 내용적으로 관계 깊은 논쟁 문제를 선택하고, 여러 가지 논쟁 문제를 다루는 과정에서 공통적으로 달성하려는 표현 능력, 다른 사람의 주장을 듣는 능력, 관점 채택 능력 등 주로 기능적 목표나 고등사고력에 해당되는 목표들도 고려해야 한다.

교육과정 구성 측면에서, 올리버와 쉐이버(Oliver & Shaver, 1966)가 분류한 것과 같이 주제접근법, 역사적 위기접근법, 문제중심접근법 중에서 교육과정상의 단원에 가장 잘 부합하는 접근법을 선정하여 가능한 여러 대안들과 그 결과들에 관한 자료를 준비해야 한다. 교사가 학생의 논쟁에 관여하는 것은 극히 제한적이지만, 논쟁 문제에 따라 자료를 적극적으로 제공해 주어야 할 필요가 있을 때를 대비해야 한다. 무엇보다도 덜 구조화된 논쟁으로 무의미한 혼돈을 학생들에게 경험하게 하여 논쟁 수업이 실패하지 않도록 할 필요가 있다.

사회적 기능 지도의 측면에서, 논쟁중심 협동학습 모형은 협동학습 구조를 지향한다. 즉, 학습자들이 모둠 내에서 활발한 상호작용을 통해 학습 효과를 얻는 것을 본질로 하는 구조로 사회적 기술을 매우 강조한다. 따라서 본 수업 모형을 효과적으로 적용하기 위해서는 첫째, 논쟁에서 이기려고 하기보다는 소집단의 구성원 모두가 서로 도와주고 참여 기회를 균등하게 제공하도록 하여야 한다. 둘째, 모둠장은 모둠 구성원들에게 논쟁 학습의 단계를 설명하고 스스로의 힘으로 논쟁에 참여할 수 있도록 동료들을 도와주어야 한다. 셋째, 자기 생각과 다르더라도 합당한 이유가 있을 때에는 다른 사람의 의견에 동의할 줄 알아야 한다. 넷째, 토론할 때에 자기와 다른 의견에 대하여 타당한 이유로 반대해야 한다.

논쟁 문제에 대한 개인적 의사결정과 집단적 의사결정 과정을 통합한 논쟁중심 협동학습 모형의 8단계 절차는 [그림 2]와 같이 나타낼 수 있다.

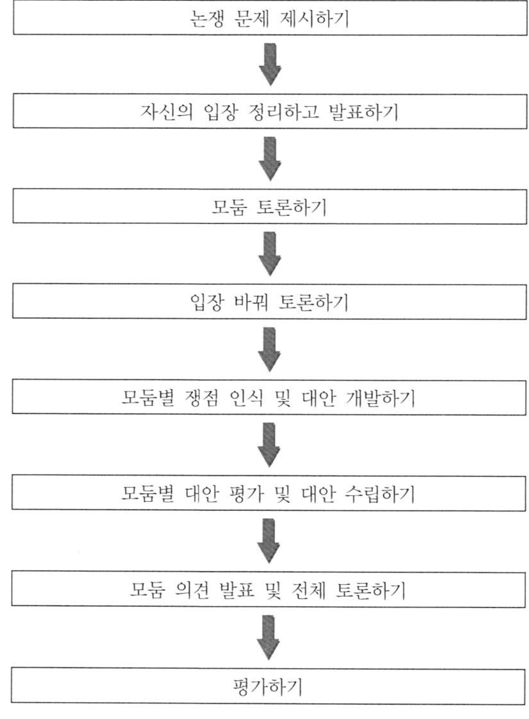

[그림 2] 논쟁중심 협동학습 절차

(1) 1단계: 논쟁 문제 제시하기

교사는 학생들에게 문제되고 있는 것이 무엇인가를 분명히 인식시키고 관련된 개념을 인지시켜야 한다. 또한 교수·학습 활동을 실시하기 위한 기본 규범으로서 토론의 방식과 유의점, 증거 위주의 논쟁 태도, 토론 결과에 의한 행동 등을 교육하고 강조하여야 한다.

이 단계에서 학생들은 한 모둠당 4명으로 구성되고, 성적과 성별에 따라 이질적 소집단을 여러 개 만들고 모든 소집단에게 동일한 과제를 준다. 이 모둠의 구성원들은 2인씩 미니 소집단을 만드는데, 이 소집단들은 주어진 논쟁에 관하여 서로 다른 입장을 선택한다.

(2) 2단계: 자신의 입장 정리하고 발표하기

학생들은 문제를 정의하기 위하여 논쟁 문제의 내용과 의미, 문제가 제기된 배경, 문제와 관련된 지식, 이론, 주장들을 확인한다. 논쟁 문제가 사실문제인지, 가치문제인지 확인하고 분석해야 한다. 즉, 사실과 관련된 논쟁 문제는 경험적 증거의 제시로 쉽게 해결되지만, 가치의 문제는 가치의 위계를 따져야 한다. 사실문제의 경우, 미니 소집단은 주어진 제한된 정보나 경험으로 경험적 증거를 준비하되, 준비되지 못한 것은 목록을 작성하여 놓는다. 가치문제는 가치의 위계를 찾아 상위가치에 맞추어 자신의 주장을 뒷받침한다.

연역적 혹은 귀납적 방법을 사용하여 준비한 증거나 이론 등을 자신의 주장에 맞게 논리

▲ 모둠별 입장 선택하기

적으로 연결하고, 이상의 과정에서 얻게 된 정보나 논리를 이용하여 상대방의 주장에 대하여 비판할 준비도 한다.

학생들은 먼저 발표할 문장을 형식화하는데 이것이 다른 동료에게 수용되기를 원하지만, 그렇지 않을 경우에 대해서도 준비하여야 한다. 그런 다음 그들의 주장을 뒷받침할 정보, 이론 등을 보완하고 이런 정보나 논리를 연계시켜 최종 결론을 도출한다.

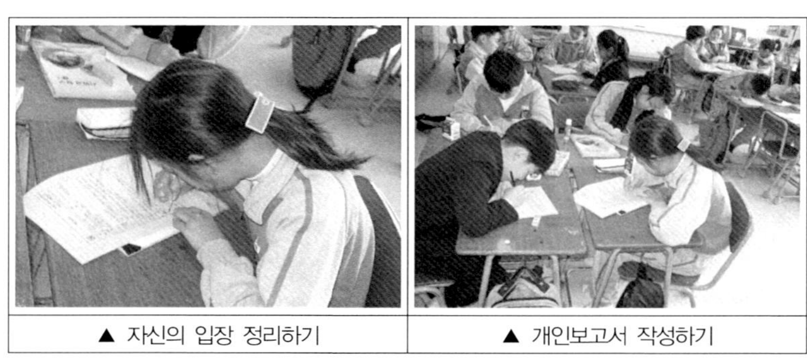

| ▲ 자신의 입장 정리하기 | ▲ 개인보고서 작성하기 |

(3) 3단계: 모둠 토론하기

소집단 내 각 미니 소집단은 각각 자신의 주장과 근거를 소집단 내에서 각각 발표한다. 이 단계를 통해서 모둠 구성원들은 각자 자신의 입장에서 주장하는 대안들의 장단점과 논거들을 드러내고, 각 대안의 주장자들은 스스로 필요한 정보를 수집하여 이를 기반으로 자신의 주장을 정당화할 증거를 제시하게 된다. 이 단계에서는 모둠 구성원들이 중요하다고 생각하는 가치를 명확히 함으로써 주장의 근거가 분명해진다.

모둠 토론은 몇 단계의 토론이 행해지는 과정에서 초점이 모아지

고 문제점이 부각되도록 진행
하여야 한다. 또한 토론의 과정
에서 논제를 분명히 하는 일,
토론을 위한 예의를 갖추는 일,
사용되는 개념을 일치시키는
일 등도 매우 중요하다. 학생들
은 자신의 주장에 대한 상대의

▲ 모둠 토론하기

비판을 반박하고, 상대방의 주장을 분석하고 비판한다. 이는 학생들
이 상대방의 주장에 대하여 관심을 갖도록 하고, 새로운 인지적 분석
을 자극하고, 새로운 대안을 창조할 수 있도록 한다. 이 단계에서 각
미니 소집단은 개념 갈등과 불확실성을 체험한다. 특히 협동학습 구
조에서 이러한 지적 갈등은 그 불확실성을 해결하기 위해서 서로가
더 많은 정보를 탐색하여 지적 호기심이 증대된다.

(4) 4단계: 입장 바꿔 토론하기

두 미니 소집단은 입장을 바꾸어 상대방을 위하여 상대가 주장하지
못했던 가장 강력한 근거를 제시해 본다. 이것은 협동학습 구조이기에
가능하며 다른 입장에서 사고
를 했던 사람들의 아이디어는
상대방이 미처 생각하지 못한
것을 지적해 줄 가능성이 많다.
이러한 과정을 통하여 모둠 구
성원들은 각 대안에 대한 상대
방의 입장과 마지막 행동을 선

▲ 입장을 바꾸어 모둠 토론하기

택할 때 무엇을 양보할 수 있는가 등에 대하여 깊게 이해하게 된다.

(5) 5단계: 모둠별 쟁점 인식 및 대안 개발하기

▲ 모둠별 쟁점 인식하기

각 모둠은 문제 상황의 핵심이 되는 가치 갈등과 의견 대립의 내용을 분명히 설명하고 각 의견의 타당성을 주장하여 문제점을 지적한다. 이때 교사는 이러한 전 과정을 통하여 토론의 질과 공정성을 이끌어 내는 일과 문제의 대립점을 부각시키고 그것을 철저히 파헤치는 역할을 해야 한다. 각 모둠은 이 단계에서 문제를 해결할 수 있는 합리적이고 실현 가능한 대안을 개발해야 한다. 대안은 논리적 타당성이 있어야 하고 현실적 가능성과 효율성을 갖추어야 하는데, 여러 가지 대안이 개발되어 경쟁할 수 있어야 한다.

(6) 6단계: 모둠별 대안 평가 및 대안 수립하기

각 모둠의 모둠 구성원들은 여러 대안의 특성 및 예상되는 긍정적 효과와 부정적 효과를 검토하고, 여러 대안들의 최대한 공통분모를 형성하여 합의할 수 있는 부분과 양보 가능한 부분을 찾아 협상한다.

이 단계는 토론의 결과로 얻은 자신의 입장 변화와 행동의 방향을 정리하는 단계이다. "자신의 제안을 어떤 방식으로 바꾸어 실행에 옮겨지도록 할 수 있는가? 장기적이고 합리적인 관점에서 생각할 때 이 제안이 우리에게 얼마나 유익한가? 상대의 입장을 고려해 주면서 자신의 제안을 통과시킬 수 있는 방법은 없는가? 상대 모둠의 안과 자신의 안을 모두 만족시키는 새로운 대안은 없는가?" 등과 같은 질문을 통해 각각의 대안을 평가하고 행동의 방향을 정할 수 있다. 그리고 이러

▲ 모둠별 대안 수립하기

한 것에 관한 답변은 자료의 증거에 근거해야 한다.

실현 가능성과 타당성에 문제가 있다고 제기된 대안은 폐기하거나 수정·보완이 가능하다면 수정·보완한다. 모둠 구성원들은 서로 수정된 대안들을 제시하는 데 대안들이 수정되어 단일안으로 수렴되면 합의에 이르게 되지만, 수정된 대안들이 두 가지 이상일 경우 다시 서로 경합할 수도 있다.

(7) 7단계: 모둠 의견 발표 및 전체 토론하기

각 모둠은 전체 학급에서 자기 모둠의 의견을 발표한다. 각 모둠별로 모은 의견을 학급 전체 학생들에게 발표하고, 질의응답을 통하여 부족한 점을 보충하도록 한다. 학급 전체가 각 모둠의 의견을 들어본 후 최선의 대안을 도출하기 위하여 토론을 전개하였다. 이 과정에서 각 대안들은 장점이 유지되고 단점이 보완되면서 더 좋은 해결책으로 발전될 것이다.

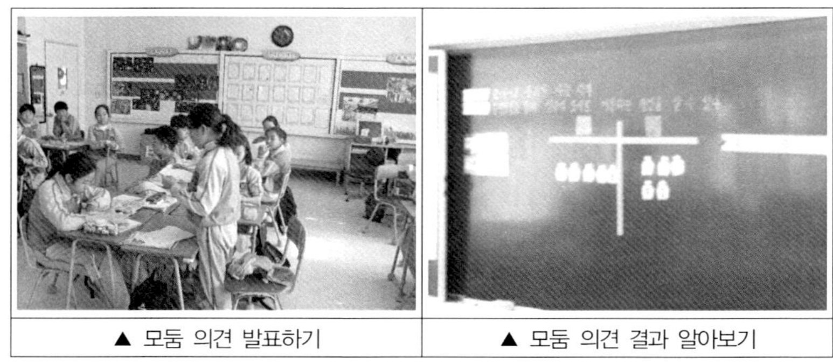

▲ 모둠 의견 발표하기	▲ 모둠 의견 결과 알아보기

(8) 8단계: 평가하기

평가는 목표 단계에서 설정한 대로 개별적인 평가와 소집단의 평가를 병행하되, 논쟁 내용과 논쟁 과정에서 기대되는 기능적 목표들도 함께 평가하는 것이 바람직하다. 그리고 학생들이 상호작용을 활발하게 하도록 하기 위해서는 협동학습 구조에서 사용하는 향상점수제를 적용하는 것이 바람직하다.

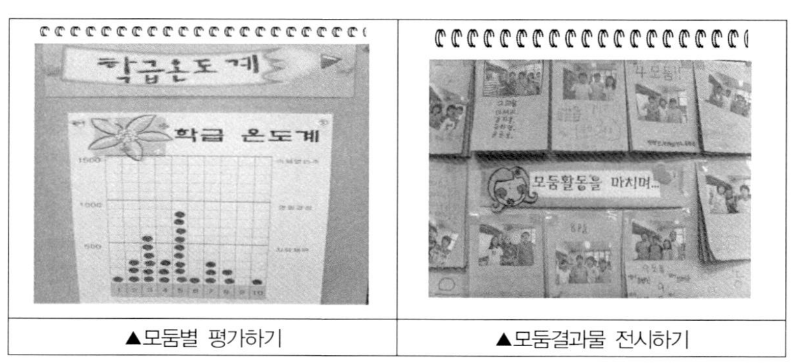

▲모둠별 평가하기	▲모둠결과물 전시하기

제5장 수업의 실천 및 자료 수집

① 수업 실천 대상 선정

연구자는 서울에 소재한 사슴초등학교(가명임) 5학년 수수꽃다리반(가명임) 학생을 주요 연구 대상으로 선정하였다. 초등학교에서는 최근 교실수업 개선을 위한 다양한 접근을 장려하는 추세 속에서 다양한 방식으로 수업이 이루어지고 있으며, 특히 고학년 사회과 수업은 학습자 중심이고 자기 주도적 학습인 논쟁중심 협동학습을 하기에 용이하다는 점을 고려하여 초등학교 학생을 연구 대상으로 선정하였다.

연구자가 사슴초등학교 5학년 수수꽃다리반을 연구 대상으로 선정한 이유는 지리적 접근의 용이성과 제보자 확보의 용이성 때문이었다. 연구자는 2005학년도 3월부터 현재까지 사슴초등학교에서 재직 중이며 2009년 3월 1일부터 5학년 수수꽃다리반 담임으로 근무하고 있었다. 따라서 연구자는 별도로 연구 장소를 선정하지 않아도 되었으며, 연구 장소에서 항상 생활함으로써 연구 현장의 전반적인 상황을 단시간 내에 파악할 수 있었다.

또한 수수꽃다리반을 연구 대상으로 선정하게 된 것은 연구자의 의도에 의해서였다. 이 연구에는 참여관찰과 심층 면담을 주된 연구 방법으로 사용하였다. 문화 기술적 참여관찰과 심층 면담은 좋은 연구 대상자의 선정이 연구의 성패를 좌우할 만큼 중요하기 때문에 담임을 맡고 있는 수수꽃다리반을 대상으로 선정하였다.

사실 연구자는 2005년 5학년 사회 교과 전담 교사와 2007년 5학년 담임교사를 맡아서 찬반(pro-con)논쟁수업모형을 적용한 사회과 수업을 실시해 보았다. 그 결과 초등학생들의 경우에도 고등사고능력과 문제 해결력을 길러 줄 수 있는 논쟁 학습에 흥미도가 높다는 것을 알게 되었다. 그러나 당시에는 연구자가 찬반(pro-con)논쟁수업모형에 대하여 충분히 이해하지 못하였고, 학생들의 학습 훈련 부족으로 인하여 다양한 상호작용 양태들을 관찰하기 어려웠다. 이에 연구자는 2009년 3월부터 5학년 수수꽃다리반을 맡게 되면서 수수꽃다리반을 참여관찰하기로 계획을 세웠다. 연구자가 한 학기 동안 연구대상 집단을 집중적으로 관찰하고 다양한 논쟁중심 협동학습 과정의 양태들을 살펴보기 위함이었다. 덧붙여 연구자가 지속적으로 학생들과의 친밀감을 유지할 수 있는 상황이 되었고, 연구 대상 학급의 학생 개개인의 특성을 파악하기도 용이하였다.

1) 학교의 특성

사슴초등학교는 서울 강남지역의 중심부에 위치하여 주변에 고급 주택과 많은 편의시설이 있는 지역에 위치하고 있었다. 이 학교의 지역 사회는 도서관, 문화시설, 의료시설, 생활편의시설이 잘 갖추어져 있는 강남의 대표적 번화가이다. 60여 년의 역사를 지녔으며, 24학급 규모의 일반 학급과 귀국반 3학급, 한빛반 1학급으로 모두 28학급 규모로 이루어져 있었다. 사슴초등학교는 주변 학부모들에게 좋은 평을 들으며 매년 추첨을 통해서 신입생과 편입생을 선발하였다. 그리고 교육대학교 3학년과 4학년 학생들의 교육실습이 매 학기 2주씩 이루어지고 있었다.

학생들은 90% 이상이 아파트 단지에 살고 있는데, 학교와의 거리가 멀어서 전철이나 버스를 타고 등교하는 학생들이 많았다.

교원은 36명(남자: 24, 여자: 12)으로 남교사 비율이 상당히 많은 편이다. 교직원들의 평균 연령은 38세이며 평균 교육 경력은 15년으로 비교적 중견 교사들로 구성되어 있었다. 교원 모두 대학원 석사학위를 소지하고 있고 박사과정을 다니거나 취득한 교사도 4명 정도 되어 교사의 질이 우수한 집단으로 평가받고 있었다.

교실은 앞채와 뒤채, 다울채, 소담채로 구성되어 있었다. 앞채 현관에 들어서면 1층에 행정실이 있고 오른쪽에 사료실이 있었다. 사료실에는 각종 민속자료와 학교의 유구한 역사에 걸맞은 각종 트로피와 자매 결연패가 있었다. 그리고 2층에는 1학년과 3학년 교실이 위치하며 맨 왼쪽 끝에 도서실이 위치하였다. 3층에는 복도에 학교의 명패, 명찰 등과 같은 학교의 자료들을 모아서 전시해 놓고 있으며, 교장실과 교무실 그리고 영어실과 도서실이 있었다. 앞채와 뒤채 사이에는 한빛뜨락이라는 아름다운 정원이 있어 사시사철 꽃들이 만발하여 학생들의 정서를 순화시키고 자연 학습의 장을 마련해 준다. 뒤채에는 일반 교실과 귀국반, 한빛반이 위치하여 있었다. 다울채에는 강당과 음악실, 미술실, 어학실, 실과실, 컴퓨터실과 같은 특별실로 이루어져 있으며 소담채에는 전교생이 점심을 먹을 수 있는 식당이 있었다.

학부모의 90% 이상이 대졸 이상의 학력을 가지고 있으며 주로 회사원, 의사, 변호사, 교수와 같은 전문직에 종사하고 있었다. 대부분의 가정이 중산층으로 교육열이 매우 높은 편이다. 교사들은 사슴초등학교 학생들이 타 지역의 학생들에 비하여 순진하고 학습능력도 우수한 편이라고 말하였다.

2) 주요 정보 제공자 특성

본 연구에서는 연구의 초기 단계인 2009년 3월부터 4월까지 5학년 수수꽃다리반 학생 중 여러 명의 사례 학생을 선정하여 의사결정 과정에 대한 예비 관찰을 실시하였다.

본 연구 대상으로는 수업하는 중간 중간 교사의 발문에 대해 자주 자신의 의사표현을 하는 학습자를 8명 선정하였다. 선정 과정에서 사회과 성적을 고려하여 2명은 성적이 상위권인 학습자로, 다른 4명은 중위권인 학습자로, 그리고 나머지 2명은 성적이 하위권인 학습자로 선정하였다. 논쟁중심 협동학습은 5학년 수수꽃다리반 전체를 대상으로 실시하되 그중에 선정된 8명을 2모둠으로 나누어 집중적으로 고찰하였다. 본 검사 연구 대상의 특징은 다음과 같다.

가) 장미 모둠 참여자

① 민장미

장미는 사회과 성취도 평가 결과 학급 평균(80점)보다 10점이 낮은 70점을 받았다. 연구자의 견해로 본 아동의 사회 성적은 주요 정보 제공자 중에서 중 정도에 해당되었다. 장미는 내성적이고 평소에 사회과에 대해서 관심이 없으며, 토론학습에 대한 경험도 많지 않아서 초기에는 재미가 없었다고 하였는데 차츰 적극적으로 수업에 참여하였다.

② 전나무

나무는 사회과 성취도 평가 결과 학급 평균(80점)보다 2점 높은 82점을 받았다. 연구자의 관찰에 의하면 나무는 활발하고 친구들과 긍정적인 관계 형성을 잘하는 아이로, 논쟁 상황에서 토론에 적극적이고 활발히 참가하였다.

③ 전백합

백합이는 사회과 성취도 평가 결과 학급 평균(80점)보다 8점 높은 88점을 받았다. 백합이는 평소 주관이 뚜렷하고 성실하며 온유한 학생이다. 특히 사회과 토론 학습에 호응도가 높으며 모범적으로 학교생활을 하였다.

④ 채영수

사회과 성취도 평가 결과 학급 평균(80점)보다 20점 높은 100점을 받았다. 명석한 두뇌를 가져 전 교과 성적이 우수하나 다소 소심하고 고지식한 면이 있었다. 학생들에게 인기가 있어 1학기 회장을 하기도 하였다.

나) 백합 모둠 참가자

① 박철수

철수의 사회과 성취도 평가 결과는 학급 평균(80점)보다 20점 높은 100점을 받았다. 철수는 명석한 두뇌를 소유하고 있으며 교과 성적이 최상위에 속하였다. 토론학습에도 적극적으로 참여하는 편이다. 학급에서는 친구들과 싸우기도 하고, 다른 친구를 놀리기도 잘해서 지적받기도 하였다.

② 김치국

치국이는 사회과 성취도 평가 결과 학급 평균(80점)보다 2점 높은 82점을 받았다. 치국이는 친구들과 잘 어울리지만 다소 산만한 편이다. 수업 준비물과 과제 학습을 제때 잘 챙기지는 않지만 순진하고 수업에는 적극적으로 참여하였다.

③ 신이나

사회과 성취도 평가 결과, 이나는 학급 평균(80점)보다 4점 높은 84점을 받았다. 이나는 친구들과 잘 어울리지 못하고 쉬는 시간에는 혼자 독서를 하곤 하였다. 반 친구들은 이나가 고집이 세고 잘난 척하며, 자기주장이 강하다고 말하였다. 하지만 과제 학습이 철저하고 토론에도 적극적으로 참여하였다.

④ 이영희

사회과 성취도 평가 결과, 영희의 성적은 학급 평균(80점)보다 8점 낮은 72점이다. 영희는 사교적이고 명랑하며 수업에도 적극적으로 참여하였다. 자기 스스로 일을 찾아서 봉사도 잘하였다. 교우 관계도 원만하고 무엇보다도 사회과 수업에 대한 흥미도가 높다. 집이 멀어서 그런지 자주 지각을 하는 편이다.

2 자료 수집 절차

1) 논쟁 문제 선정

논쟁중심 협동학습을 실시할 때에는 토론 주제인 논쟁 문제의 선정이 매우 중요하였다. 이는 의견을 통일하기 어려운 쟁점이 될 만한 문제들을 선정함으로써 상반된 견해들이 충돌하여 더욱 활발한 논쟁이나 토론을 이끌게 되는 경우가 많았기 때문이었다.

논쟁중심 협동 학습을 진행하기 위해서는 여러 사회적 쟁점 중에서 어떤 기준에 따라 논쟁 문제를 선정해야 하는가를 먼저 결정해야 하였다. 논쟁중심 교육 주창자들은 쟁점 선정의 주요 기준들은 여러 문헌에 제안한 바 있었다. 그 주요 기준은 첫째, 참여자들이 입장 선정을 할 때 어느 정도의 곤란성이 확보되고, 둘째, 구성원 사이에 의견의 불일치가 일어나고, 셋째, 다른 시대와 사회에 일어날 수 있는 기본적 가치들 간의 충돌이 전제가 된 것이고, 넷째, 참여자의 자료

접근성이 비교적 용이하며, 다섯째, 학습자 생활 사태와 관련성이 높은 것들이다.

사실 초등학생들이 다소 기초 지식(background knowledge)이나 정보가 부족하며 발달상 미성숙하다는 점 때문에 현실 사회와 유리된 채 기초 지식만을 가르쳐 준다면 학습에서의 성취감이나 문제 해결력, 의사결정 능력과 같은 고등사고력을 길러 줄 수 없을 것이었다. 따라서 제시한 논쟁 주제가 초등학생들에게 다소 어렵고 생소한 쟁점이라고 하더라도, 인터넷의 발달로 인하여 많은 정보에 대한 접근성이 용이해지고 있는 현실을 감안하여 도전적 쟁점을 제시하여 초등학생들도 고등사고력 신장과 학습에 대한 성취감을 느끼도록 하려는 의도에서 논쟁 주제를 선정하고자 하였다.

연구자는 이런 관점에서 5학년 교육과정을 살펴본 후 크게 세 가지 주제로 유목화하여 쟁점을 정하였다. 첫째 주제는 우리의 국토 모습과 여러 지역의 생활로서 이 주제와 관련하여 한반도 대운하 건설이나 새만금 간척 사업과 같은 쟁점을 선정하였다. 둘째 주제인 세계 속의 우리 경제와 관련해서는 한미FTA나 외국인 노동자 문제, 농촌 학교 폐교 등을 선정하였다. 셋째 주제는 사회 변화와 가정생활과 관련하여 사회과에서 지속적으로 쟁점이 될 만한 남북통일 문제, 사형 제도 폐지 논란, 존엄사 시행 논란, 배아줄기 세포 연구 논란, 군 가산점부여 문제 등과 같은 논쟁 주제를 선정하였다. 결론적으로 14개의 사회적 쟁점들을 선정하였고 이를 실행한 구체적인 연구 일정은 다음과 같다.

〈표 1〉 논쟁중심 협동학습 모형 수업 실시 일정

주제	자료 제시 방법	전사	보고서
한미FTA	사전 과제 제시	×	○
한반도 대운하 건설	사전 과제 제시	×	○
특수학교 설립	사전 과제 제시	×	○
쓰레기 소각장 건립	사전 과제 제시	×	○
광우병 논란	사전 과제 제시	△	○
도시 재개발 논란	사전 과제 제시	△	○
농촌학교 폐교	사전 과제 제시	△	○
새만금 간척 사업	사전 과제 제시	△	○
사형제도	사전 과제 미제시	○	○
존엄사	사전 과제 미제시	○	○
남북통일문제	사전 과제 제시	○	○
외국인 노동자문제	사전 과제 제시	○	○
군 가산점	사전 과제 미제시	○	○
배아 줄기 세포 연구	사전 과제 제시	○	○

※ ×표는 전사가 되어 있지 않은 상태이며 △표는 모둠 활동만 전사되어 있는 상태이며 ○표는 수업의 도입부
터 정리 단계까지 모두 전사되어 있음.

2) 자료수집 환경 구성

논쟁중심 협동학습 프로그램을 운영하는 데 필요한 시간과 장소 및 협동 학습에서의 각자 역할에 대한 기본 원칙은 다음과 같았다. 연구자는 논쟁중심 협동학습 모형을 사회 수업 시간에 적용하였는데, 수업은 단위 수업 시간이 아닌 블록 타임으로 80분 동안 진행되도록 하였고, 총 14주 동안 1주에 한 번씩 14차시에 걸쳐 다른 논쟁 주제들을 지속적으로 다루도록 하였다. 토론 대상자들은 남녀 각각 2인씩 4인 1조로 8개 모둠으로 나누어서 전체적으로 논쟁중심 협동학습 모형을 적용한 수업을 진행하였고, 그중에서 2개 모둠은 비디오와 오디오를 통하여 수업 장면을 녹화하고 녹취하였다.

〈표 2〉 논쟁중심 협동학습 모형 실시 현황

수업 시간	차시	모둠	모둠 구성	총 인원
80분	14차시	8개	4인(남녀 각 2인씩)	32명(남 17, 여 15)

연구자는 관찰 기간 동안 관찰 노트와 녹음기를 이용하여 지속적으로 토론 내용을 녹취하였고, 그중 한 모둠의 활동을 비디오카메라로 녹화하였다.

<표 2>에 제시된 바와 같이 교사가 매회 논쟁 문제에 대하여 차시 예고를 하였으나 과제 제시 방법에 따라 학생들의 토론 방식과 사고 과정이 어떻게 바뀌는지를 살펴보고자 사형제도, 존엄사, 군 가산점 문제에 대해서는 사전 과제를 제시하지 않고 바로 논쟁중심 협동학습을 실시하였다.

수업 도입부에서 학생들의 수업 동기를 유발시키기 위하여 관련 자료를 간단히 제시하였는데, 찬반 입장에 대하여 각각 균형 있는 자료로서 신문기사, 인터넷 사이트, 사진 자료 등을 제시하였다.

각 모둠 구성원들은 예비 토론을 통해서 각 논쟁 문제에 대하여 자신의 찬성과 반대의 입장을 정하도록 하였는데, 이때 논쟁 문제와 관련하여 입장 택하기를 세우기 전에 서로 쟁점에 대하여 찬성인 팀과 반대하는 팀을 모둠 내에서 2명씩 나누어 각각 미니 소집단을 구성하였다. 찬성을 하거나 반대를 하는 입장이 같은 학생들끼리 좌석을 이동하여 같은 방향에 앉았으며, 반대하는 입장의 학생들과 마주보는 위치에서 논쟁을 하도록 하였다. 토론 분위기는 최대한 허용적이고 개방적인 분위기를 유지하도록 하였다. 단, 합의에 의해 미니 소집단이 각각 두 명씩 구성되지 않은 경우 교사가 개입하여 나누어 주었다.

1번	4번		5번	8번
2번	성적 우수자		6번	성적 우수자

[그림 3] 논쟁중심 협동학습 시 좌석 배치도

논쟁 과정에서 입장 택하기를 하고 입장을 바꾸어 토론을 하는 단계를 마친 후, 모둠 구성원들은 의견을 종합하여 집단 의사결정을 하는 단계에 이르게 되는데, 이때 모둠 구성원들은 협동학습의 역할 분담 원칙에 따라 수거자, 질서인사지도자, 기록자, 발표자로 역할을 나누었다. 수거자는 모둠 내에서 학습 자료나 모둠 보고서를 분배하고 수집하여 제출하는 역할을 하였고, 질서인사지도자는 모둠 활동을 하는 동안 모둠 구성원들의 참여도와 기여도를 총괄해서 평가를 하는 역할을 담당하였다. 이 평가 자료를 이용하여 모둠 점수를 부여하였다. 기록자는 모둠 보고서를 작성하도록 하였는데, 모둠 구성원들이 하는 발언 내용을 모두 모둠 보고서에 작성하여 모둠 발표의 기초 자료로 삼았다. 발표자는 모둠 발표 활동 시에 모둠의 의견을 종합하여 발표하는 역할을 담당하였다.

학습지는 2인 1조로 작성하는 미니 소집단 보고서와 모둠 보고서를 배부하였다. 수업이 끝난 후에는 소감문을 각자 쓰도록 하였으며 각 모둠별 수거자들이 모둠 보고서, 미니 소집단 보고서, 소감문 등을 모두 수합하여 가져오도록 하였다. 연구자는 수업이 끝난 후 녹취된 내용을 전사하였다. 아울러 실험 초기, 중기, 후기에 걸쳐 3회 정도 소감문을 별도로 작성하도록 하였다.

3 자료 수집 방법 및 분석

연구자는 연구 대상 학생들의 논쟁중심 협동학습 과정과 사회과
논쟁 수업 시 학생들의 활동 모습과 태도, 관심, 학습 환경, 학교의 배
경, 과제에 대한 가정에서의 지원에 대해 주의를 기울였다. 그리고 참
여관찰과 면담, 학생들의 보고서나 문서를 통해서 다양한 자료를 수
집하였고, 이들 자료들을 교차 검토를 통해서 살펴보았다.

1) 자료 수집 방법

가) 수업 관찰을 통한 자료 수집

본 연구에서는 2009년 3월 2일부터 7월 20일까지 1학기 14차시 동
안 1주에 한 번 정도 지속적으로 논쟁중심 협동학습 모형을 적용하여
연구 대상 학급의 협동학습 수업을 관찰하고 VTR촬영, 녹취, 면담,
현장 기록 등을 이용하여 자료를 수집하였다.

논쟁중심 협동학습 모형은 동료 간의 찬반토론과 상호작용을 전제
로 한 의사소통 과정이 중시되므로, 토론 맥락을 통한 자료 수집을
위해 참여관찰법을 적용하였다. 연구자는 직접 수수꽃다리반 학생들
에게 논쟁중심 협동학습 모형 적용을 위한 사전 학습 훈련을 시킨 후
14차시의 논쟁중심 협동학습 수업을 진행하는 과정을 시간 순서대로
VTR촬영과 녹음을 시행하고 수업이 끝난 후에는 논쟁중심 협동학습
모형의 수업 과정을 담은 VTR촬영과 녹음, 현장 기록을 토대로 하여
전사한 참여관찰 기록지를 작성하였다. 이를 토대로 하여 학생들의
의사결정 단계별로 나타나는 사고과정의 특징과 논쟁 주제에 따라

의사결정 기준을 유목화하여 학생들에게 미니 소집단 보고서와 모둠 보고서를 작성하도록 하였으며, 각 차시별 학습을 진행한 후에 간략하게 정리한 개인별 수업 소감문을 수집하였다.

나) 면담을 통한 자료 수집

연구자는 학생들의 사전 과제 수행 방법, 입장 전환에 대한 이유, 학습 주제의 선호도, 특정 행동에 대한 부가 질문 등과 같이 더 필요한 정보를 얻기 위하여 연구 대상자들을 면담하였으며 상황마다 유동성 있게 정보제공자를 선택하였다.

연구자는 면담에 대한 부담을 덜어 주기 위해서 정보 제공자에게 질의할 문항을 주고, 답변을 작성하도록 한 후, 보충할 부분에 대하여 정보 제공자와 다시 이야기하였다. 면담 과정은 각 정보제공자 개인별로 실시하였다. 먼저 대상자를 선정하고 선정된 모둠 구성원들에게 본 연구의 주제와 과정에 대해 자세히 설명하였다. 그리고 논쟁중심 협동학습 모형에 대해 연구자가 설명을 한 후 충분히 숙지하였다고 판단된 상태에서 진행하였다.

그 후 면담하는 학생은 책상과 의자가 준비된 교실에서 녹음기를 책상 옆에 두고 논쟁 상황을 제시하고 입장을 나누는 방법, 입장 택하기 세우는 방법, 입장 바꾸어서 토론하는 방법, 마지막으로 모둠 의견 정하는 단계별로 나타나는 의사결정 상황을 표현하도록 하였다. 학생들의 사고 과정을 방해하지 않도록 연구자는 되도록 말을 하지 않으며 꼭 필요한 경우에만 중립적이고 비지시적인 말만 하였다. 학습자의 상호작용과 사고 과정에 대하여 직접 묻지 않고 의사결정 모습이나 사고 과정, 상호작용 양태가 어떠한지를 질문하였고, 그 이유를 묻는 방식으로 면담을 진행하였다.

연구자는 면담 과정을 소형 녹음기로 녹음하였고, 녹음된 면담 내용을 그대로 전사하였다. 전사할 때 새로운 사람이 말할 때마다 말하는 사람이 누구라는 것을 좌측에 명기하고 부호화와 관찰자 코멘트를 위하여 좌측에 여백을 남겨 두었다.

주 정보제공자 이외의 정보제공자들과의 면담이나 관찰 자료는 연구 대상의 상황과 맥락에 대한 중요한 자료가 되었다.

각 정보제공자와 면담은 개방된 분위기에서 연구자가 주로 듣는 자세를 취하였으나, 의문이 생기는 경우 정보제공자에게 다시 질문을 하기도 하였다.

주 정보제공자인 8명 학생들과의 면담은 2회씩 이루어졌는데, 초기에는 집단 면접을 통하여 실시되었고, 모형이 적용된 후에는 의사결정 집단 면접을 하고, 8월 초에는 개별적으로 이루어졌다.

〈표 3〉 소감문 작성 및 면담 일정표

회	월/일	요일	장소	시간	면담 방식
1	5/7	목	교실	13:00~13:40	집단 면담
2	6/12	금	교실	13:00~13:40	집단 면담
3	7/17	금	교실	13:00~13:40	집단 면담
4	8/10	월	교무실	10:00~12:00	개별 면담
5	8/11	화	교무실	10:00~12:00	개별 면담
6	8/12	수	교무실	10:00~12:00	개별 면담
7	8/19	수	베어스타운	17:00~18:00	개별 면담
8	8/31	월	교실	13:00~14:00	집단 면담

다) 참여관찰 기록지 작성

연구자는 논쟁중심 협동학습을 실시하면서 지속적으로 학생들이 서로 상호작용하는 모습을 비디오로 촬영하고, 녹음기로 녹취하여 수업 후에 참여관찰 기록지를 작성하였다. 학생들의 토론 과정은 4인 1조로 8개 모둠으로 구성되었는데, 그중에서 2개 모둠을 선정한 후 비디오와 오디오 장비를 이용하여 녹취하거나 녹화하였다. 수업이 끝난 후에는 이를 전사하였다.

각 차시 토론 전 과정 동안에 일어난 학생들의 모든 발언과 주요 발언 양태를 자료로서 수집하였다. 14차시의 논쟁중심 협동학습 중 14회의 모둠 보고서와 미니 소집단 보고서, 10회의 전사 자료, 6회의 수업 녹화 자료, 3단계에 걸친 소감문, 그리고 면담 자료를 각 쟁점별로 수집하였다.

이상과 같은 세 가지 방식으로 수집된 자료를 코드화하여 분류하고 자료의 타당성과 객관성을 확보하기 위하여 다각검증을 시도하였다. 한 장면에 대해 연구 현장에서 연구자가 관찰하여 기록한 현장 연구 노트의 내용과 그 장면에 대해 학생들과 면담한 내용, 그리고 학생들이 그 현장에 대해 기록한 개인 저널의 내용을 비교하여 각 자료에 대한 타당성과 객관성을 확보하려고 하였다. 각 자료들에 부여한 코드와 구체적인 기호의 내용은 다음의 <표 4>와 같다.

〈표 4〉 수집 자료 코드

코드	자료	코드	자료
I	참여관찰 기록지	III	심층 면담 자료
II	소감문 자료	IV	학생들 제작 자료

2) 자료 분석 및 해석

질적 실행연구의 전통에 따라 이 연구의 자료 분석과 해석은 자료 수집과 동시에 이루어졌다. 자료 분석과 해석의 과정을 간단히 설명하면 다음과 같았다.

본 연구에서 자료의 분석은 크게 세 단계에 걸쳐 이루어졌다. 첫째, 자료 수집 단계에서의 분석이다. 자료를 수집하는 과정에서 관찰과 면담에 의해 수집된 자료들을 중심으로 수시로 잠정적 분석을 시도하였다. 둘째, 1차 자료 수집 후 분석이다. 이 분석은 1차 자료 수집이 끝난 2009년 7월 하순부터 이루어졌다. 이 과정에서 연구자는 수집된 자료들을 세밀하게 읽어 가면서 각 자료들에 영역을 부여하였고 이 영역들을 코드화하였다. 그리고 그 의미가 명확하지 않거나 부족한 부분에 대해서는 해당 학생과 다시 연락하여 자료의 내용을 확인하였다. 셋째, 구조화 단계이다. 이 과정에서는 1차 분석과정에서 도출된 각 영역들 간의 관계 및 하위 영역과 전체 사이의 관계를 구조화하였다. 이 단계에서는 구조화된 영역의 틀을 가지고 자료들을 읽어 가면서 각 영역에 포함될 성분들을 찾아내고 그것들을 구조화시키는 순서로 분석 작업을 진행하였다. 위의 분석 작업은 2009년 7월과 8월 두 달에 걸쳐 집중적으로 이루어졌다. 이 과정에서 부족한 자료들은 이메일을 통하여 다시 수집하였고, 불분명한 의미는 연구 참여 학생들에게 다시 질문하여 명확한 의미를 파악하였다.

해석 작업은 자료 수집 과정부터 자료 분석 이후 과정까지 지속적으로 이루어졌다. 즉, 자료 수집과 동시에 자료 분석이 이루어졌으며, 자료 분석과 아울러 자료에 대한 해석 작업이 이루어졌다. 자료 해석 작업이 어느 정도 완료된 시점에서 다시 한 번 연구 참여관찰 기록지, 소감문, 면담 자료, 제출한 보고서 등에 산발적으로 기록되어 있던 해석들을 점검하여 종합적인 해석을 하고자 노력하였다.

보고서 작성은 분석 및 해석의 과정에서 자연스럽게 이루어졌다. 즉, 분석 및 해석 결과들을 정리하는 과정에서 연구보고서가 작성되었다. 집중적인 보고서 작성은 2009년 7월 하순부터 8월 하순 동안에 이루어졌다. 본 연구에서는 개인 정보를 보호하기 위해 연구 대상 학교 및 연구 참여 학생들을 모두 가명으로 처리하였다. 그리고 본 연구 결과의 타당성을 보완하기 위해 연구 참여 학생들의 반응 및 의견과 관련된 부분들은 사회과 교육 박사과정을 전공한 관련 교사들에게 읽도록 하여, 기술이 부적절하거나 연구자가 왜곡하여 해석한 부분을 수정하였다. 삼각 검증의 한 방법인 내부자 검토(조용환, 1999)를 통해 연구 결과의 타당성을 확보하려고 한 것이었다. 이 과정은 연구 결과 및 분석 내용을 다시 확인하는 계기가 되었으며, 연구 결과의 이해도를 높이는 데 기여하였다.

Part 3

논쟁중심 협동학습에서 학생들의 사고 과정

제6장 논쟁중심 협동학습 과정의
단계별 사고 과정

　논쟁중심 협동학습이 다른 모형과 다른 점은 논쟁의 과정에서 찬
성과 반대의 입장을 모두 경험하도록 하면서 토론을 전개하는 것이
었다. 즉, 본 학습 모형에서는 개념적 갈등의 상태에서 자신의 정보와
다른 결론을 가진 사람들의 입장에 직면해서 역할 전환을 통해 찬성
과 반대 입장을 모두 경험함으로써 독특한 사고 과정 양상이 드러났
다. 이를 다음과 같은 측면에 중점을 두어 분석하였다.

　첫째는 학생들이 초기 입장 선택 시 자기 주도성의 작동 여부를 확
인하고자 하였다. 자신의 경험과 흥미도, 수업 준비도에 따라서 학생
들이 어떻게 입장을 선택하고 그에 따른 입장 택하기를 어떻게 세우
는지를 살펴보았다.

　둘째는 학생들이 역할 전환 단계에서 어떤 사고 과정을 거치는지
를 고찰하였다. 즉, 단순히 의견을 재반복하는 과정인지 혹은 초기 판
단을 심화 확대하는 과정인지를 살펴보았다.

　셋째, 학생들이 집단의사결정 단계에서 드러내는 상호작용의 양태

를 살펴보았다. 학생들이 의견을 모으기 위하여 어떻게 상호작용을 하는지 그 양상을 고찰하였다.

마지막으로 소집단 내에서 단계별 사고과정의 전환이 어떻게 이루어지는지를 알아보았다.

1 초기 입장 선택의 자기 주도성

입장 택하기 단계는 논쟁의 문제를 제시하고 그 내용을 정의하며 평소 생각, 지식 등을 전체적으로 이야기하고 찬반 의견을 나누어 보는 단계이다. 이 단계에서 학생들은 미니 소집단을 구성하기 어려워하였는데 찬성과 반대가 한 방향으로 쏠리는 경향이 많았다. 그 이유는 본인이 찬성하는 입장에 대해서는 자료 조사를 많이 해 왔고, 평소 관심이 많아서 상식적으로 아는 내용도 많았기 때문에 주도적으로 논쟁을 이끌어 나갈 수 있었기 때문이다.

> ▷ '새만금 간척사업 논란'에서 입장 택하기의 양상
> 교사: 살기가 어려워요. 갯벌 환경이 갑자기 변하면 생활하기 어렵다. 새만금 간척사업에 대하여 이야기해 보려고 해요. 찾아온 내용을 정리하고 토론하여 어떤 의견이 좋은지 토론하는 것이에요. 여러분이 집에서 찾아온 새만금 관련 자료 있지요?
> 치국: 우리 의견을 뭐라 하는 것은 아니야. 반대할 수 있어. 우린 지금 직접 새만금을 한다는 것이 아니기 때문에.
> 영희: <u>나는 찬성할래.</u>
> 철수: 찬성은 간척사업을 한다는 거야? 안 한다는 거에 찬성이야?
> 철수: <u>찬성합니다. 만약에 이것을 중지한다는 것은 지금 거의 불가능하다고 볼 수 있습니다.</u> 그리고 중지한다고 해서 거기에 쓴 돈이 다 돌아오는 것도 아닙니다. 공사를 중지한다면 2조 원 정도를 바다에 버렸다고 할 수 있습니다.

치국: 저는 찬성입니다. 왜냐하면 여기 환경적 측면에서 본다면 갯
　　　벌의 환경이 많이 파괴될 수 있지만, 이것을 한다면 <u>국가 이
　　　익이 굉장히 크기 때문에 약간의 희생이 있다고 해도 저는
　　　이것에 찬성합니다.</u>
영희: 저도 찬성합니다. 왜냐하면 <u>토지 자원의 재고 효과도 있기
　　　때문에 찬성합니다.</u> 하지만 반대도 일리가 있다고 생각합니다.
이나: 저는 새만금 간척사업에 반대합니다. 왜냐하면 새만금 간척
　　　사업은 헌법에 명시된 <u>환경권을 침해하는 것입니다.</u>

위에서 치국과 영희, 철수는 새만금 간척사업을 지속하는 것에 대
하여 찬성하는 입장이다. 입장 택하기 단계에서 국가적 이익이 큰 사
업이라는 치국의 입장, 토지 자원의 제고 효과가 크다는 영희의 입장,
현 상태에서 중지를 한다는 것은 경제적으로 큰 손실이라는 철수의
입장에 반하여 이나만 새만금 간척사업은 명백한 환경권 침해라는
입장을 견지하며 반대하였다. 초기 입장 택하기 단계에서 찬성의 입
장에 3명이 몰려서 각 2명으로 이루어지는 두 개의 미니 소집단을 구
성하는 데 어려움이 있었다.

　<u>반대가 4인 1조에서 3명이 반대하고 싶다거나 혹은 찬성을 하고
싶어 했다.</u> 그럴 때 선생님이 와서 팀을 갈라야 할 정도였다(이나,
1차 소감문).

▷ '존엄사 논란'에서 입장 택하기의 양상
영수: 병이 많이 들어 고칠 수 없을 때 하는 거지요?
교사: 평화롭게 죽게 해달라는 권리지. 평안하게 죽을 권리에 대해
　　　서 어떤 기사가 나왔는가 하면 환자가 식물인간 상태에서 연
　　　명치료를 하고 있는데 호흡기를 빼면 죽는 거야. 그런데 이
　　　할머니가 존엄사할 권리를 달라는 소송을 한 거야. 대법원에
　　　서 확정을 지었는데 다수의 의견은 호흡기를 빼는 것에 대해
　　　찬성이고, 4명은 환자가 회복 불가능한 상태라고 단정할 수

는 없다는 이유로 반대를 한 거야. 그래서 이 존엄사 문제에 대해서 여러분은 어떻게 생각하는지를 알아보려고 합니다. 여러분이 의사라면 가족이라면 어떨지 미니 소집단을 만들어 찬성과 반대의 의견을 모아보고 작성을 하도록 합니다. 5분 동안 시간을 주겠습니다.

나무: 아니지, 제가 생각이 난 건데 찬성은 <u>사람이 기계에 의존해서 사는 것보다는 차라리 죽어서 천당에서 마음껏 움직일 수 있다면</u> 그것은 지상에서 누리지 못한 것을 천당에서 누리게 되는 것이므로 찬성이다.

영수: 죽어도 된다?

장미: 저는 반대합니다. 사람이 천당 가서 가족 얼굴 못 보고 혼자 사는 것보다는 지금 <u>몸이 불편해도 가족 얼굴 보고 잘 사는 것이 더 낫다고 생각합니다.</u>

백합: 그래도 가족이 수술을 하면서 청소를 해야 되고 괴로워하는 것보다는 잠깐 <u>편안히 살다가 고통 없이 가시는 것이 좋다고 생각합니다.</u>

교사: 토론하는 시간이 아니라 쓰는 시간이야. 서로 팀을 나누어서 상의해서 쓰는 거야.

나무: 천당 가서 평화롭게 사는 거야.

영수: 증거 없잖아. 힘들게 기억도 할 수 없고.

백합: 자유롭게 천당해서 살아야 돼.

교사: 8조도 되었네. 6조도 됐네. 3조는 아직 안 되고. 그러면 손 내리세요.

위에서 보면 존엄사 논란과 관련하여 입장 택하기를 세우는 단계에서 나무, 영수, 백합이 존엄사에 찬성한다는 입장을 선택하였다. 나무는 삶의 질을 고려할 때 차라리 존엄사에 찬성한다는 입장이고, 영수는 힘들게 기억도 없는데 사는 것이 무의미해서 찬성한다는 입장이다. 백합도 살아생전에 편안히 살다가 고통 없이 가시는 것이 좋다는 의견으로서 찬성하는 입장이었다. 그러나 장미는 내세에 천당 가서 사는 것이 무의미하다는 입장이다. 즉, 지금은 식물인간이라고 할

지라도 가족들이 얼굴이라도 볼 수 있으면 그것이 더 낫다는 입장에 입장 택하기를 세웠다.

각 2명씩 이 경우에도 그들의 한정된 경험과 그들 자신의 시각에서 가설적인 초기 입장을 입장 택하기를 함에 있어서 역시 존엄사에 찬성하는 입장을 3명이 반대하는 입장을 1명이 선택함으로써 각 2명씩 미니 소집단을 2 : 2로 나누는 데 어려움이 있었다. 한미 FTA나 한반도 대운하, 광우병 논란, 새만금 간척사업 시행 논란 등과 같은 사실적 기준에 입각한 쟁점에 대해서는 일방적으로 초기 의견이 반대하는 입장으로 몰리는 양상을 띠었다.

> 하지만 단점이 많은 날도 있었다. 남자들만 토론한 적도 있어서 열심히 찾아온 자료가 소용이 없는 날도 있었고, 내가 하고 싶지 않은 편에 걸려서 자료가 소용이 없는 날도 있었다. 어쩔 때는 애들이 시끄러워서 내 주장을 애들이 못 들었다. 앞으로 조용히 그리고 다른 사람을 배려하면서 토론했으면 좋겠다(이나, 1차 소감문).

한편, 쉽게 미니 소집단이 구성되어 팽팽한 긴장감을 느낄 수 있었던 논쟁 주제도 있었다. 군 가산점 부여 논란, 남북통일 문제, 사형제도 폐지 논란, 존엄사 실시 여부, 배아줄기세포 연구 논쟁 등과 같은 가치 기준에 입각하는 논쟁 주제에서 그러하였다. 남자들이 취업할 때 부여하는 군 가산점 논란은 입장 택하기 단계에서부터 2 : 2의 팽팽한 긴장감을 느낄 수 있었다.

> ▷ '군 가산점 부여 논란'에서 입장 택하기의 양상
> 철수: 저희는 찬성합니다. 왜냐하면 <u>힘들게 군대를 다녀온 대가를 받을 수 있기</u> 때문입니다.

이나: 그러면 여자들한테 불리한 입장이 됩니다. 여자들도 취직이 어려운데 군 가산점이 있으면 여자들의 반발이 만만치 않을 수 있기 때문에 반대합니다.

치국: 여자들도 군대를 가면 되는 것 아닙니까? 여자들도 군대를 못 가라는 법은 없습니다.

영희: 여자도 물론 군대를 갈 수는 있지만 솔직히 군 가산점을 받는 것은 남자들만 생각하는 행위입니다. 왜냐하면 남자들만 유리한 것이기 때문입니다.

철수: 그렇다고 하면 여자들이 군대를 가기 어렵다고 하면 가산점을 3점을 받는다면 3년을 힘들게 해서 남자들도 받는 것이기 때문에 대신에 여자들은 조금 군대 생활을 줄여 주는 것은 어떻습니까?

이나: 그런데 3년이라서 1년에 1점인 것 같은데 1년으로 줄여 주면 가산점이 줄어들지 않겠습니까? 그런 면에서 반대합니다.

치국: 그렇게 따지면 남자들은 나라 지키기 위해서 군대를 갔다 왔는데 보상이 아무것도 없으면 여자는 남자들은 그냥 힘들게 나라를 지키고 여자는 집에서 가만히 놀고먹고 있는데 그럼 그렇게 하는 것 여자는 있고 하면 하고 남자는 보상이 없으면 똑같은 것 아닙니까?

영희: 여자도 고생이 있는데 남자들이 군대 갔을 때 여자들은 노는 줄만 압니까? 솔직히 집에서 집안일도 하고 남자도 나라를 위해서 일하는 거지. 좋은 직장 받으려고 하는 것도 아니잖아요. 그러니까 안 주어도 솔직히 여자들도 거기에서 하니까?

철수: 그런데 제가 생각하는 것은 저희가 군대에 가 있을 때 솔직히 저는 찬성합니다. 왜냐하면 남자들이 힘들게 군대를 다녀온 대가를 받을 수 있기 때문입니다.

이나: 그러나 군 가산점 문제는 막대한 차이가 있습니다. 우선은 군대는 싸우는 것이고 취직은 컴퓨터를 사용하여 일하는 회사원이 대부분이기 때문입니다.

치국: 저는 찬성합니다. 왜냐하면 남자들이 군대를 가 있는 동안 힘들게 나라를 지키려고 힘들게 일하고 있는데 여자들이 집에서 일을 하는 것은, 물론 집에서 일을 하긴 하죠. 그러나 남자들이 훨씬 더 고되기 때문에 그것은 비교가 안 되는 것이기 때문에 저는 남자가 그걸 대가로 가산점을 받는 것은 그리 큰 문제가 되지 않는다고 생각합니다.

영희: 그렇지만 남자들도 물론 힘들지만 나중에 남자들은 어차피

남자들은 힘든 일을 하지만 <u>여자들은 나중에 아기 낳잖아요.</u> <u>훨씬 더 힘든 것 아닙니까?</u>

철수: 그렇다고 여자가 아기를 낳는다는 그런 힘든 일을 한다고 하지만 그렇다고 저희가 놀고 있습니까? 남자들도 일합니다. 여자들도 힘들고 하니 군대를 없애 버리면 저희들도 좋죠. 힘든 군대 생활을 안 하니까 좋다고 생각하는데 만약에 위기의 상황이 처해졌을 때 여자들이 불공평하다고 해서 군대를 없애서 남자들이 훈련이 안 된 상태에서 그렇게 나간다면 우리나라가 거의 망한다고 할 수 있습니다.

이나: 아니 모든 남자가 가는 것도 아니고 <u>여자들은 거의 주부생활</u> <u>하면서 남자들에게 많이 도움을 주지 않습니까?</u> 지금 여자들이 도움을 주지 않았더라면 이렇게 훌륭하게 된 사람도 많지 않았을 것입니다.

치국: 그게 맞는 말이긴 합니다. 왜냐하면 군대에 가기만 하면 남자는 지내고 엄마가 여자니까 그렇게 따질 수 없기도 하지만 그건 아니라고 봐요. 왜냐하면 빌 게이츠가 훌륭한 사람이지 빌 게이츠 엄마가 훌륭한 사람입니까?

영희: 빌 게이츠 엄마도 훌륭한 사람이죠. 빌 게이츠를 키운 사람인데 안 훌륭한 사람입니까?

철수: 그러면 이 내용에 대해서 합리적인 대안을 말해 줬으면 좋겠습니다.

교사: 이제 됐습니다. 그만.

철수: 빌 게이츠 아빠는 은행장인데도 한 푼도 안 도와줬다. 빌 게이츠가 훌륭한 사람이냐?

치국: 그럼 빌 게이츠가 훌륭한 사람이지.

영희: 빌 게이츠가 훌륭하지만 빌 게이츠가 어떻게 태어났어. 빌 게이츠 어머니가 태어나게 했잖아.

이나: 저희 팀은 찬성합니다. 그 이유는 군 가산점 문제는 모든 사람은 취직과 실직에 대하여 막대한 차이가 있다고 생각하는데 실직하게 되면 우울증이나 심각한 정신적인 질환을 앓게 된다고 생각하는데……

철수: 저도 찬성합니다.

치국: 그게 억지지. 빌 게이츠 엄마가 훌륭한 거냐? 훌륭한 사람 하면 빌 게이츠를 떠올리지.

영희: 그렇게 따지면 다 억지라고 그러면 다 훌륭한 사람이겠네. 저는 반대합니다. <u>왜냐하면 여자에게는 불공평하기 때문입니다.</u>

　이상에서 보는 바와 같이 남학생들과 여학생들의 입장이 확연히 나누어졌다. 남학생들 2명은 힘들게 군대를 다녀온 대가를 받아야 한다는 논리로 입장 택하기를 세우려 했고, 여학생들은 성의 차이를 인정해야 한다는 논리로 여자에게는 불공평한 일이라고 반발하며 입장 택하기를 세웠다. 이렇게 성별 간 미니 소집단이 구성되어 논쟁의 해결책을 찾으려고도 하였지만, 두 의견은 초지일관 대립하며 치열한 자기 입장의 정당화와 반박의 과정이 반복되었다.

　이와 같이 학생들은 입장 택하기 단계에서 찬성과 반대의 미니 소집단을 나누는 데 상당히 많은 시간이 걸렸다. 이는 반대의 입장을 선택한 사람들에게 반박을 받을 때, 그에 맞서는 정당한 논리를 제기하기 위하여 지적 충만함이 있어야 하기 때문이었다. 그렇지 못하면 자신이 없어서 주도적으로 흥미롭게 논쟁의 과정을 전개하지 못할 것이라는 우려를 갖게 되기 때문이었다.

　　서로 자기 의견에 사람이 많으면 포기하고 다른 편에 가서 하라고 말하였다. 준비해 온 것을 가지고 의견이 많이 있는 쪽에서 하고 싶어 하였다. 내가 생각하는 근거도 많은 쪽을 선호하였다(영희, 면담 자료).

　이처럼 어떤 의견을 선택하느냐에 따라서 문제의 입장 택하기 단계에 큰 영향을 미치는 것으로 나타났다. 즉, 자신이 본래 갖고 있던 의견과 같은 의견을 주장한다면 자료를 많이 확보하고 있고 이야기할 거리가 많아서 활발한 토론 활동을 전개할 수 있을 것이기 때문에 찬성과 반대의 두 미니 소집단으로 나누는 데 많은 시간이 걸렸다. 이는 학습에 대한 학생들의 높은 흥미도와 참여도를 반영한 결과였다.

2 역할 전환 단계에서의 확산적 사고

역할 전환 단계, 즉 자신이 입장 택하기를 한 내용과 반대의 의견을 제시해야 하는 상황에서 학생들은 혼란스러워하였다. 자신이 옳다고 제시한 근거에 대하여 다시 반론을 제기해야 하므로 논거 세우기를 어려워하였다. 그리고 자신이 옳다고 말한 것에 대한 반대의견을 제시하는 것에 대하여 쑥스러워하였고 마치 자신이 거짓말쟁이 같다는 느낌이 들었다고 하였다.

> 부실한 게 싫다. 느낌이 비굴하다. 한 입으로 두말하였다. 기분이 더럽다는 기분도 들었다(치국, 면담 자료).

역할 전환 후, 미니 소집단은 상대편이 앞서 제시한 내용에 자신들의 생각을 더하여 의견을 제시하였다. 그에 대한 반응으로 상대편에서는 자신들이 주장한 것을 왜 다시 반복하느냐고 반박하여 반론을 제시하는 측에서는 상대적으로 부담감을 많이 느꼈다.

> 할 말이 없다. 이 의견에 대해서 다른 의견을 내야 하므로 좀 말문이 막힌다. 내가 생각했던 의견이 아니므로 괜히 잘 모르는 것 같고 상대편 의견을 반복하는 편이다. 똑같은 것은 싸움이 일어날 수 있었다. '이거 내가 준비한 거야'라고 면박을 주면 '참고해도 된다고 했거든'이라고 응수하였다. 반대쪽 토론도 하다 보면 이 의견도 괜찮을 것 같다는 생각도 들고 좋은 점은 찬성과 반대에 모두 있는 것 같다(영희, 면담 자료).

위와 같은 찬반 입장 전환에 대한 어려움으로 학습활동의 초기에는 입장 전환이 잘 이루어지지 않았고, 입장 전환이 되더라도 그 입장에 대한 의견을 잘 제시하지 못하였다. 따라서 입장 택하기 단계에서 처음 자신이 가졌던 의견만을 줄곧 주장하여 논쟁중심 협동학습에서 추구하는 반대 입장에 대한 정당화의 경험을 하지 못하였다. 또한 자신의 처음 의견에 대하여 개념적인 갈등 상황을 겪지 않았으므로 확산적인 사고가 활발히 일어나지 못하였다.

〈표 5〉 '도시 재개발'에서 입장 택하기와 역할 전환 단계의 양상

입장 택하기 단계(찬성 입장)	입장 택하기 단계(반대 입장)
철수: 찬성 팀은 의견 건물 중에 낡은 집은 재개발을 해야 합니다. 근거는 첫인상이 그 지역의 이미지를 결정해 줄 수 있기 때문입니다(도시 이미지 제고).	은지: 시민단체들이 대안을 제시했습니다. 그래서 서울시는 주거안정대책위원회를 구성하여 주거안정안을 제시한 바 있습니다(서민 주거불안).
입장 전환 단계(찬성 입장)	**입장 전환 단계(반대 입장)**
영수: 재개발을 하면 다른 사람들이 들어와 살 수도 있고 더 좋은 모습을 보일 수 있습니다(주거 환경 정비).	수빈: 하지만 재개발을 많이 하면 돈이 많이 들잖아요(재개발 비용 부담 어려움).
철수: 하지만 재개발을 하는 입장에서는 돈이 많으니까 그렇게 하는 것이죠.	은지: 돈이 없는 사람은 어떻게 합니까?
철수: 그것은 돈이 없는 것은 자신의 능력에 따라서 결정되기 때문에 열심히 일하면 될 것 같습니다.	수빈: 하지만 자꾸만 재개발을 하게 되면 돈이 없는 사람들은 집을 못 사잖아요(서민 주택마련 능력 부족).
철수: 그건 자기 개인적인 문제입니다.	은지: 당신들이 돈이 없는 사람이라고 해 봅시다. 어떻게 할 건가요?
철수: 일자리를 구하면 되잖아요.	은지: 요즈음 경제도 어려운데 어떻게 그렇게 일자리를 쉽게 구합니까?
철수: 지하철에서 노숙하면 됩니다.	은지: 지하철에서 노숙하면 돈이 얼마나 많이 드는지 아십니까? 사람들이 주는 돈이 백 원, 오십 원밖에 되지 않는데 어느 세월에 모아서 일억, 이억이 됩니까?
영수: 도시 재개발을 하면 여러 가지 놀이 시설과 쾌적한 도시 시설을 만들 수 있습니다(도시 주거 환경 쾌적).	은지: 도시의 환경이 쾌적한 것도 좋은데 사람들이 쉽고 행복하게 사는 것이 더 중요하지 않습니까?(서민 주택문제 해결 정책 요구)
철수: 그리고 만약에 도시에 재개발을 하면 그 보상금을 주기 때문에 방 한 칸 정도는 얻을 수 있다고 생각합니다.	은지: 요즈음에는 다 재개발한다는데 방 한 칸이 남아돌겠습니까?

<표 5>에서 알 수 있는 바와 같이, 연구 초기에는 입장 택하기 단계와 입장 전환 단계 학생들의 주장에 변화가 없는데 이는 입장 전환에 대한 어색함에 기인하는 것 같다. 따라서 학생들은 입장 전환 단계에서 자신의 입장 택하기 단계의 의견과 반대되는 입장을 주장하지 못하였다. 학생들은 입장 택하기 단계에서 주장하던 것과 반대의 의견에 대해서는 논리적 근거를 제시하기 어려워 논쟁이 잘 이루어지지 않았다고 고백하였다. 그런 경향성의 연장선상에서 도시개발을 찬성하는 측은 도시의 쾌적한 환경 조성에 좋다는 논리를 반복적으로 펴고 있었다. 반대 측도 과도한 재개발 비용 부담과 서민의 주거 문제에 대한 대책 부재를 논리적 근거로 제시할 뿐이다. 따라서 개념적 갈등을 경험하는 단계의 논쟁은 아직 이루어지지 못하였다.

<표 6> '농촌학교 폐교 문제'에서 입장 택하기와 역할 전환 단계의 양상

입장 택하기 단계(찬성)	입장 택하기 단계(반대)
나무: 교육청에서 예산을 대 주면 됩니다. 10억을 이웃학교에 지원해 주어서 시설을 개선해 주므로 문제가 없을 것 같습니다(예산 집행 집중과 선택).	영수: 교육청에서 언제까지 지원을 해 주겠습니까? 교육청에서 매년 지원을 해 주면 교육청은 남는 게 뭐가 있겠습니까?(국고지원 예산의 한계성)
장미: 시설이 좋아지면 촌락으로 사람들이 모여 들게 되어서 교육청에서 돈이 들어갈 필요가 없게 되는 거지요. 그러니까 좋은 시설 좋은 프로그램 다 만들어 놓고 하면 사람들이 모이게 됩니다(시설 개선 후 수익 증대).	영희: 그렇지만 학교가 폐교가 되면 촌락에 노인들만 남게 되어서 문제가 될 것 아닙니까? (촌락의 공동화, 노령화)
입장 전환 단계(반대)	입장 전환 단계(찬성)
장미: 선생님들이 여러 학년을 맡아야 되므로 공부의 전문성이 떨어집니다(복식 수업의 비효율성).	영희: 기사를 보니까 촌락의 한 학교에서는 주민들을 모으기 위해서 다양한 특혜를 제공해 준다고 합니다(특색 있는 학교 운영).
나무: 반대 의견은 수가 많든 적든 폐교를 만드는 것이 문제입니다. 폐교를 만들어서 쓸모없게 만들면 돈 낭비이고 운동기구도 버려야 하니까 자원낭비이지 않습니까?(효율적 운영방안 마련)	영수: 두 개에서 세 개의 학교를 하나로 만들므로 그러므로 저는 반대합니다. 만약에 학교가 없다면 학생들이 없으니까 이사를 가게 되고 나이 드신 어른들만 촌락에 남게 됩니다(촌락 공동화, 노령화).

<표 6>에 제시한 바와 같이, 농촌학교 폐교문제에 대하여 입장 택하기 단계에서 찬성하는 측은 예산의 효율적 사용과 시설 개선 후 수익 증대라는 측면에서 주장의 정당성을 제시하였다. 한편 입장 전환 단계에서는 특색 있는 학교운영을 통한 수익성 증대 방안과 복식 수업의 비효율성을 언급함으로써 입장 택하기 단계의 주장을 단순히 반복하는 것이 아니라 초기 판단을 심화 확대하는 과정들을 보여 주었다.

〈표 7〉 '새만금 간척사업'에서 입장 택하기와 역할 전환 단계의 양상

입장 택하기 단계(찬성)	입장 택하기 단계(반대)
영수: 2012년 이후 식량 부족과 <u>미래의 물 부족 등을 해결하기 위한 국책사업이므로</u> 저는 찬성합니다(미래 식량 문제 해결).	나무: 저는 반대합니다. 왜냐하면 세계적으로 유명한 서해안 갯벌이 없어지고 <u>갯벌 생태계가 파괴되고 물고기와 어패류를 잡던 어민들의 생계가 어려워지기 때문입니다</u>(갯벌 파괴).
장미: <u>여기에서 생산되는 쌀은 14만 톤으로 우리 국민 150만 명이 먹을 수 있는 어마어마한 양입니다.</u> 많은 양의 식량을 수입하는 우리나라 현실을 감안하면 국가 이익에 도움이 되는 사업입니다(식량 생산).	백합: 많은 어류 등이 사라져 생태계가 파괴될 우려가 있으므로 반대합니다. <u>어민들의 생존권이 유린됩니다</u>(어민 생존권 위협).
입장 전환 단계(반대)	**입장 전환 단계(찬성)**
영수: 새만금은 농업을 위해 실패한 정책입니다. 생산되는 쌀의 양의 0.7%에 불과하고 해마다 줄어드는 농지를 늘리기 위해서 새만금 간척지를 만든다고 농림부에서는 말을 합니다. 그러나 <u>농림부 발표에 의하면 매년 농경지가 사라지는데 그다지 도움이 되지 못하였다고 생각합니다</u>(실효성 없는 농지 확대 방안).	나무: 입장을 바꾸어 찬성합니다. <u>간척지에 농경지를 만들고 공장을 세우면 많은 일자리가 생겨나기 때문에</u> 저희는 찬성을 합니다(일자리 창출).
장미: <u>사라지는 농지를 보완할 수 있고 논과 밭에 물을 댈 수 있는 큰 저수지를 만들 수 있으므로 찬성합니다.</u> 상습 침수지의 완전 해소로 해일이 덮치는 것을 막아 줍니다(농지 확충, 재해 방지).	

수업이 진행됨에 따라 학생들은 점차 입장전환 단계에서 찬성 혹은 반대했던 주장에 대한 개념적 갈등과 불확실성 등을 경험하는 것으로 나타났다. 그 예로 <표 7>에 제시한 새만금 간척사업에 대한 토론 양상을 살펴보면, 영수는 물과 식량의 문제를 해결하기 위하여 필요한 사업이라고 주장하여 간척사업을 찬성하는 논지를 폈다. 그러나 입장 전환 단계가 되자 실효성이 없는 농지 확대 방안이라고 주장함으로써 자신의 입장 택하기 단계 때의 주장과 반대되는 의견을 적극적으로 제시하고 있었다.

<표 8> '존엄사 논란'에서 입장 택하기와 역할 전환 단계의 양상

입장 택하기 단계(찬성)	입장 택하기 단계(반대)
철수: 병원에서 산소 호흡기를 끼고 있으면 가족들이 많이 고생하기 때문입니다. 왜냐하면 가족들이 병원에서 고생하고, 길면 돈도 많이 들기 때문입니다(병원 비용 문제).	이나: 저는 존엄사하는 것이 옳지 못하다고 생각합니다. 그 이유는 생명이 소중하기 때문입니다. 아프다고 그냥 없애 버리는 것은 잘못이기 때문입니다(생명의 소중함).
영희: 저는 찬성합니다. 왜냐하면 어떻든 식물인간이라 숨만 쉬지 아무것도 못 하기 때문에 차라리 죽는 것보다 못한 것 아닙니까? 그래서 저는 찬성합니다(무의미한 생명 연장).	치국: 저는 반대입니다. 왜냐하면 환자가 살아날지도 모르고 그나마 죽는 것보다 살아 있는 것이 낫지 죽이면 너무 이상한 것도 있고 가족들도 죽으면 더 슬프니까(회복 기회 박탈).
입장 전환 단계(반대)	입장 전환 단계(찬성)
철수: 하지만 생명은 중요한데 나중에 못 고친다는 보장도 없는데 이 상태로 계속 있다가 미래에 고칠 수 있는 기술도 나올 수 있으니 좀 더 기다려 보는 것이 좋다고 생각합니다(회복 기회 연장).	이나: 존엄사하는 것은 찬성입니다. 왜냐하면 일단 병원비가 많이 나오는데 그냥 죽으면 돈도 절약되기 때문입니다(비용 절감).
영희: 한 생명은 되게 소중한 것이기 때문에 저는 존엄사를 반대합니다(인간 생명의 존귀함).	치국: 저는 찬성합니다. 왜냐하면 산소호흡기 끼면 돈 들고 합니다. 숨만 쉬고 아무것도 못하는데 밥도 못 먹고(병원 치료비용 부담).

이런 양상은 <표 8> 존엄사 논란에 대한 토론에서도 잘 나타난다.

존엄사에 찬성의 입장을 나타냈던 학생들은 현실적인 치료비용, 간호의 어려움, 무의미한 생명연장의 측면에서 자신들의 논리를 주장하였다. 반면, 입장 전환 단계에서는 생명의 존귀함, 회복기회의 연장 등을 근거로 존엄사에 반대하는 입장을 정당화하였다.

이는 반대 입장을 수용하고 정당성을 주장함에 있어 좀 더 확고한 입장 변화를 보여 주는 것이라 할 수 있었다.

<표 9> '사형제도 논란'에서 입장 택하기와 역할 전환 단계의 양상

입장 택하기 단계(찬성)	입장 택하기 단계(반대)
백합: 저는 찬성합니다. 사형제는 날짜를 받고 했는데 나중에 마음을 바꾸어서 풀어 주면 그 사람이 잘못을 뉘우칠 수도 있을 수 있지만 그 사람이 뉘우치지 않는다면 다시 죄를 지을 수 있기 때문에 우리에게 큰 손해가 될 수 있습니다.	영수: 사형을 시키면 안 됩니다. 그 사람에게도 기회를 한 번 주어야 하기 때문입니다.
나무: 사형을 시키지 않으면 국민들이 굉장히 실망하고 불안해하기 때문에 그냥 기회를 주기보다는 사형을 시키는 것이 낫지 않을까 싶습니다.	장미: 사람의 생명은 소중하기 때문에 사형을 시키면 안 됩니다.
입장 전환 단계(반대)	입장 전환 단계(찬성)
백합: 아무리 죄를 지어도 사람이니까 다시 마음과 정신을 고칠 기회를 가질 수 있는 기회는 있습니다.	장미: 저희는 사형을 시켜야 된다고 생각합니다. 왜냐하면 죄를 지으면 그에 마땅한 벌을 받아야 하지 않습니까?
나무: 고치게 되면 모범수로 출소하게 되니까 그런 것도 있고, 또 사람을 죽일 수 있는 위협도 있으니까 요즘 개발하고 있는 전자발찌를 착용하면 어딜 가도 추적할 수 있죠. 그거는 빠질 수도 없다고 그러던데.	영수: 근데 그걸 못 고치면 어떡합니까?

토론은 수업 적용 후기 단계에 갈수록 점차 안정화되었다. <표 9>에 제시한 사형제도에 대한 토론을 살펴보면, 입장 택하기 단계에서 사형제도의 존속을 찬성하는 측의 의견은 중한 범죄자가 복역한 후

출소해서 일어날지 모를 재범에 대한 우려나 국민들에게 준엄한 사법권을 보여 주어야 한다는 것이고, 반대 측은 범죄자에게 교정 기회를 부여하고 사형이 인간의 존엄성을 저해하므로 사형제도는 폐지되어야 한다는 주장을 하고 있었다. 그런데 찬반 입장을 바꾸는 단계에서 찬성 측은 범죄에 대한 처벌과 선량한 국민의 보호라는 근거를 들어 사형제도의 찬성을 주장하고, 반대 측은 범죄자에게 반성의 기회 부여와 철저한 보호 감호 체제를 구축하여 선량한 사람들을 보호하면 된다는 의견을 근거로 자신들의 주장을 정당화하고 있었다.

찬반 입장을 교호하는 단계에서 역할 전환에 따른 의견의 전환 양태를 살펴보았다. 먼저 찬성한다는 입장의 근거를 살펴보니까 범죄에 대한 적법한 처벌과 선량한 국민의 보호라는 의견을 강조하였다. 그에 비하여 반대한다는 입장에서는 반성의 기회를 부여하고 철저한 보호 감호 체제를 구축하면 된다는 논리로 주장하였다. 이를 보면 입장 택하기 단계에서 주장하였던 의견을 반복하는 것이 아니라 논리의 확대 재생산 과정을 경험하고 있다고 말할 수 있었다. 본 학습 모형의 단계에서 기대하고 있는 우리 미니 소집단이 상대편이라면 이런 논리를 동원하여 설득을 하겠다는 강력한 의견을 제시해야 한다는 논리에 부합되는 활동을 전개하고 있었다.

수업 적용 초기 일부 학생들은 자신의 선택과 다른 입장을 취해야 할 경우 자신의 의견과 일치하지 않는다는 이유로 찬반 입장을 바꾸는 과정에서의 토론에 소극적이었다. 그러나 수업이 후기로 진행됨에 따라 주장의 전환이 확고하여 입장 택하기 단계의 입장을 다시 반복하는 것이 아니라 초기 판단을 심화 확대하여 다양한 의견들이 표출되어 균형 있는 사고 정을 거치는 것으로 나타났다.

3 의사결정 단계에서 나타나는 상호작용

초기에 모둠 간 의견 일치를 이루기 위하여 가위바위보를 하거나 말다툼을 하던 분위기와 달리, 수업이 진행되는 동안 모둠 내에서는 다양한 긍정적인 상호작용이 이루어지고 있었다. 이런 상호작용을 통하여 학생들은 점차 자신의 의견뿐만 아니라 다른 학생들의 의견도 존중하는 분위기가 조성되었고 모둠 구성원들 간에 논쟁 문제에 대하여 의견이 일치되지 않는 경우 설득에 의한 합의를 통해서 의견을 종합하였다.

논쟁 문제를 다루는 동안 학생들에게 관찰된 상호작용 양상을 살펴보면 다음과 같았다.

첫째, 학생들 사이에는 합의를 이루기 위하여 조정과 설득을 위한 의사소통이 관찰되었다. 소집단 내에서 합의된 의견을 모으기 위해서 미니 소집단 간의 의견을 서로 조정하고 상대편의 의견을 바꾸도록 다양한 설득 활동을 전개하였다. 의견을 나누다가 서로 의견이 합치되는 부분이 발견되면 학생들은 그것을 모둠의 의견으로 정하고, 그 의견에 대하여 다시 토론이 진행되어 하나의 안을 만들어 내는 과정들이 점차 증가하였다. 군 가산점 문제를 합의하는 과정이 좋은 예이다. 서로 자신의 의견에 대하여 이야기를 하면서도 상대방의 주장을 주의 깊게 듣고 거기에 자신의 의견을 덧붙이는 등 활발한 대화가 이루어졌다.

> 이나: 대안으로 <u>군 가산점을 받기를 원하는 여자들을 군대에 받아들여서</u> 여자들도 2년 동안 가는 거야.

　　철수: 여자들도 군대에 2년을 간다면 저는 찬성으로 바꾸어 <u>여자들</u>
　　　　　<u>도 2년 동안으로 가면 똑같은 가산점을 받을 수 있다</u>를 선택
　　　　　하겠습니다.
　　영희: <u>어? 그런데 그러면 이번에는 원래 반대하는 쪽이 한 명이었</u>
　　　　　<u>는데 찬성으로 왔으니까 찬성을 하고 우리 미니 보고서에서</u>
　　　　　<u>하나, 니네 꺼에서 두 개 받아쓰도록 하자.</u>

둘째, 학생들 사이에서 일어나는 갈등과 반박의 국면을 살펴볼 수 있었다. 주장이 첨예하게 대립되는 토론 초기 국면에서는 미니 소집단끼리 갈등이 일어났다. 양측의 의견이 팽팽하게 맞서면서 다른 편에서는 반박 의견을 내고 이에 대하여 다시 반대 의견이 나와서 논쟁 문제에 대해서 모둠 내에서의 갈등이 증폭되어 이러한 갈등이 해결되지 않고 논쟁이 파국을 맞이하는 경우도 있었다.

　　　난 우리 모둠에 실망을 하였다. <u>우리 모둠은 항상 싸우기만 하였</u>
　　<u>고 의견도 합쳐지지 않았다.</u> 나는 어떻게든 의견을 합하려고 하였
　　으나 되지 않았다. 나는 우리 모둠이 너무 싫다(치국, 외국인 노동
　　자 문제 소감문).

셋째, 토론 활동을 하면서 학생들 간에는 제재와 무시의 국면도 나타나고 있었다. 소집단 내에서 원활한 관계가 형성되지 못하는 경우에는 소집단 내에서 불협화음이 일어나기도 하였다. 미니 소집단 내에서 보고서를 작성할 때 과제를 제대로 하지 않아 사실적인 자료가 부족한 경우에 준비해 온 학생과 그렇지 못한 학생 간 반목이 일차적으로 일어나고 이를 기화로 해서 사사건건 부딪치는 양상이 벌어졌다. 모둠 토론을 상대방 의견의 충분한 검토에 기초한 균형적인 시각에서의 가치 판단으로 간주하지 않고 상대방을 설득 또는 굴복시키

려는 말싸움의 단계로 인식하기 때문에 벌어지는 양상이라고 생각되었다.

> 일단 철수는 폐교 문제 때 내 껄 가져다가 자기가 한 거라고 선생님께 말하였다. 영희는 내 껄 베껴 쓰되 들키지 않게 다른 형식으로 베낀다. 우리 모둠 애들은 내 숙제를 베끼려고 하였다. 짜증난다. <u>의견을 모으는 것도 철수, 영희가 다수결이라고 우기며 셋이서만 모으는 것이었다. 난 꼭두각시이다.</u> 내 숙제를 베끼면서도 내 의견에는 결사반대이다. 왜 틀렸는지 이야기해 주지도 않는다. 내 생각이어서 그냥 싫어서 그런 것 같다(이나, 3차 소감문).

이러한 과정을 거치면서 모둠 구성원끼리 토론 시에 등장하는 제재 수단이 상대방에 대한 무시로 나타나고 있었다. 상대방의 의견을 주의 깊게 들어주지 않고 서로 양보하지 않으면서 끝내 고집을 부려서 모둠의 의견이 모아지지 않게 되었다. 이런 경우에는 소수의 의견을 낸 학생에 대한 제재 수단으로 이들을 배제시킨 채 나머지 모둠 구성원끼리만 토론을 하였다. 그리고 다수의 의견을 가진 모둠 구성원들의 일부는 자기의 의견을 굽히지 않는 소수의 의견을 무시하는 경향도 드러났다.

> 우리 모둠의 의견의 70%는 신이나가 울어서 정한 의견이다. 신이나를 보면 울면 다냐라는 생각이 든다. 그래서 우리 모둠은 신이나를 제외하고 토론을 했다. 그랬더니 훨씬 더 잘되었다. 신이나가 울 때마다 우리는 신이나 의견을 들어주었다. 하지만 <u>언제부턴가 우리는 신이나를 제외하고 토론을 했다. 그리고 보고서를 쓸 때는 우리만 썼다. 책상을 셋으로 붙이고 혼자만 하라고 그랬다</u>(철수, 3차 소감문).

　　마지막으로 학생들의 상호작용의 양상을 살펴보면 찬반토론을 통해서 공감과 자기화의 국면을 드러냈다. 논쟁 문제에 대하여 상호 찬반토론을 하고 또다시 찬반 교호하는 과정에서 초기에 자신이 가졌던 의견과 더불어 반대편의 의견에 대해서도 공감하는 경우가 많이 생겨났다. 그리고 오히려 초기 의견과 다른 의견으로 바뀌는 경향도 자연스럽게 늘어나고 이러한 의견에 대하여 자기화하는 양상이 드러나는 경우도 많아졌다. 사형문제에 대하여 이나가 계속 반대를 하고 다른 모둠 구성원들은 찬성을 하고 있는 상황인데 나중에 영희가 이나를 설득해서 모두 찬성하는 모습을 보여 주었다.

교사: 지금부터는 각자 역할을 나누어서 자기 생각을 쓰고.
영희: 작성: 나, 발표: 치국이, 철수: 수거, 이나: 질서.
이나: 다른 사람에게 용서를 구해서 다시 좋은 사람으로 다시 태어날 수가 있어 감옥에서 풀려 나오면 다른 사람에게 용서를 구해서 좋은 사람으로 다시 태어날 수 있었다.
영희: 찬성이야, 심한 죄는 더 이상 일어나게 할 수 없으니까.
철수: 나쁜 사람들은 일찍 일찍 죽어야 합니다.
치국: 다른 사람들이 더 이상 겁이 나지 않게 하기 때문입니다.
철수: 이야기로 풀어 보자, 5분 남았으니까. 사형제도에 반대해 일단 잘못을 뉘우치고 봉사를 할 수 있으니까 무기 징역만으로도 충분하다고 생각합니다.
영희: 저희 입장에서도 생명은 소중하다고 생각합니다만, 사람들이 몇 명만 희생해 준다면 우리 같은 사람들은 한 명이 희생을 한다면 100명이나 천 명이 깨달을 수 있고 그거는 모르는 일이니까 저희는 찬성을 한다고 했습니다.
이나: 사형제도라 하면 어떤 사람을 죽이게 되는 것인데 그 사람을 사형시켜도 살인제도는 한이 없을 것 같습니다.
치국: 그냥 사람을 죽이는 것하고 근거를 가지고 죽이는 사형 하고는 다르다고 생각합니다. 사안이 다르다고 생각합니다.
이나: 살인도 여러 가지 이유로 죽이는 사람들이 있지 않습니까?

그러면 한 사람을 죽이면 그 나라 민심이 흉흉해지고 한 사
람을 올바르게 교화하지 않는 것 아닙니까?
철수: 대부분의 시민들이 살인은 안 돼라고 생각하지만 이런 사람
들은 죽여야 된다고 대부분 생각하기 때문입니다. 그리고 무
기 징역이나 사형을 당하는 사람은 여러 사람을 죽였기 때문
에 자기도 사람이 죽어가는 동안에 얼마나 고통을 받는지를
알아야 되기 때문입니다.
이나: 어른 사형 제도를 우리나라에서도 여러 사람들이 반대하고
있고 선진국에서도 반대하는 사람들이 많습니다.
영희: 저희는 지금까지 의견을 나누었는데 제 생각은 사람들도 깨
달아야 하기 때문에 <u>사형 제도도 중요하기 때문에 찬성을 해
보는 것이 어떻습니까?</u>
이나: <u>그러면 저는 전반적으로 찬성하지만 어른 사형 제도는 실시
하더라도 어린이 사형 제도만은 안 만들어야 한다고 생각합
니다.</u>

이와 같이 찬반 토론 중에 나타나는 학생들의 동시적 상호작용은
협동학습의 장점을 설명하는 데 주요한 역할을 하였다. 특히 논쟁 수
업에서는 문제 해결을 위해서 구성원끼리 신중한 담론을 통해 의견
을 종합하고 통일하여 새로운 해결책을 만들어 내는 창조적 과정이
작동하고 있음을 알 수 있었다.

4 소집단 내에서 사고 과정의 전환 양태

논쟁중심 협동학습 모형을 적용하면서 전체적으로 나타나는 사고
과정의 전환 양태를 살펴본 결과, 학생들이 초기 논리 제시 능력의
취약성, 논거 제시의 동시성, 반대 입장 경험의 부적응성, 그리고 초
기 입장의 변화 가능성 등의 특징을 추출할 수 있었다.

첫째, 초기 논리 제시 능력의 취약성을 들 수 있었다. 2인 1조가 되

어서 자신이 상식적으로 알고 있는 것이든지 아니면 자료를 조사해
왔든지 간에 제한된 정보와 경험을 토대로 하여 찬성의 입장과 반대
의 입장을 정리하였다.

> 가위바위보나 대댄찌를 사용하였다. 왜냐하면 자기의 의견만 아
> 이들이 고집하고 한쪽 아이들이 찬성인데 다른 쪽 아이들이 반대
> 를 하면 서로 상대편으로 넘어가라고 하였다. 결국 사용하였다(백
> 합, 면담 자료).

> 자기가 하기 좋은 쪽이 아니면 하기 싫어하였다. 자기 의견을 굽
> 히기 싫어하였다. 왜냐하면 준비해 온 것을 가지고 토론하고 싶어
> 서, 자기가 선택한 쪽에서 토론 자료가 많아서 토론에서 이기게 된
> 다(영희, 면담 자료).

문제를 규정하는 준거로 삼는 것이 자신이 관심이 있거나 자료를
충분히 준비해 온 입장을 선택하려 하는 경향이 많았다. 학생 자신이
논쟁을 함에 있어 자신 있게 진행할 수 있는 의견을 선택하여 논쟁을
하고 싶어 하기 때문이었다. 이를 통하여 말싸움에서 승리하는 희열
을 맛보려 하였다. 그러다 보니 반대 입장의 논리를 전개하기가 어려
웠다.

둘째, 토론 과정의 동시성을 들 수 있었다. 찬성 측에서 의견을 이
야기하면 반대 측에서는 그 의견에 대한 반박 의견을 내야 했기 때문
에 미니 소집단 보고서에 쓰여 있는 근거로만 논쟁을 진행하지 않았
다. 오히려 서로 논쟁이 진행되다 보면 미니 소집단 보고서의 내용과
는 전혀 다른 방향으로 논쟁이 진행되기도 하였다.

한 모둠의 미니 소집단 보고서를 살펴보면 찬성의 근거로 도시 발
달, 대도시나 위성도시의 발달, 레저시설, 공원 등 편의시설 발달, 도

로 확장, 관광자원의 활용을 제시하고 있었다. 반대의 근거로는 '가난한 사람들은 쫓겨나게 된다', '많은 돈과 시간이 투자된다', '건설 후 사람이 몰리면서 교통 체증을 유발하였다' 등을 제시하였다.

또 다른 미니 소집단에서는 찬성의 이유로 '더 살기 좋은 환경이 된다', '더 깔끔하게 만들 수 있었다', '재산 가치가 높아진다', '평수가 넓어진다', '더 좋은 집을 싸게 살 수 있었다', '경제적 효율성이 높아진다', '교통 시설이 정리된다', '오염된 자연 환경을 정화시켜 자연 생태 공원을 조성할 수 있었다' 등의 논거를 제시하였다. 반대의 논리는 '사람들이 적응 못할 수도 있다', '사업비가 많이 든다', '재개발을 하는 동안 다른 곳에서 살아야 해서 번거롭다', '전통을 잃어버릴 수 있었다', '주민의 의견을 모두 반영할 수 없었다', '입주자의 처지를 생각하기 힘들다', '재개발은 개발이랑 다르다', '주민들이 반대하였다'는 논거를 제시하였다. 실제 전사 자료 중에서 모둠 토론의 과정은 어떻게 나타나는지 살펴보았다.

나무: 찬성 의견은 첫 번째로 <u>도시 발달을 들 수 있고</u>…… 발달하게 되고 그리고 공원 등 편의시설들이 발달되고 관광 자원으로도 활용될 수 있습니다.
이나: 재개발을 하면 번거로움이 있습니다. 그리고 <u>주민의 의견을 모두 반영할 수 없기 때문에</u> 불편할 수도 있습니다. 따라서 반대입니다.
효정: <u>가난한 사람도 살 수 있는 집이 늘어나는데</u>, 가난한 사람들이 살 수 있는 집을 만들 수도 있고 그리고 <u>집주인이 이익을</u> 봅니다.
정태: 제가 반대하는 이유는 도시 재개발은 도시 개발과 달리 이미 개발된 곳을 다시 개발하는 것이기 때문에 필요 없는 부분을 개발할 수도 있고 <u>시민들이 많이 반대하기 때문에 설득하기 어렵습니다.</u>

나무: <u>주민이 더 많이 살 수 있고 도시가 발전할 수 있기 때문에</u> 저희는 찬성합니다.

효정: 정치가들이 똑똑한 사람들이 많이 나올 것 아닙니까? 좋은 정책이 나와서 해결해 줄 것입니다.

정태: <u>가난한 사람들이 좋은 집에서 살아야 된다고 하셨는데 재개발이 되면 어디에 삽니까, 길거리에 삽니까?</u>

나무: 길거리에 살 수도 있지만 <u>집값을 좀 낮추어서 가난한 사람들도 편안하게 살 수 있도록</u> 도시 재개발에서 성공적으로 할 수 있다고 생각합니다.

교사: 찬성이든 반대이든 자기주장을 하는 거야.

나무: 찬성하는 이유는 <u>도시 재개발을 성공적으로 하면 이익이 몇 배 몇십 배 늘어날 수 있고 그 주변에 문화시설, 공공시설 등 좋은 시설을 만들 수 있기 때문에</u> 찬성합니다.

정태: 그리고 제가 찬성을 하는 이유는 <u>도시 재개발을 하면 도시가 발달해서 사람들이 더 편하게 살 수 있고 가난한 사람만 있는 게 아니라 보통 사람들도 있고 꼭 부자동네에 가서 살 필요는 없지 않습니까?</u> 재개발할 때 더러워진 하천이나 환경을 생태공원이나 공원을 조성해서 깨끗하게 할 수도 있고 경제적 효율성도 높아지고…… 내 의견은 가난한 사람들만 있는 게 아니라…….

효정: 그리고 도시 재개발을 하면 공원 등 휴식공간을 만들 수 있어서 훨씬 더 자연환경이 좋아질 수 있고 <u>가난한 사람들은 받은 돈으로 텐트를 사서 공원에서 텐트를 쳐서 생활을 할 수 있다고 생각합니다.</u>

나무: 그래서 우리 조는 찬성으로 결정하였습니다.

이나: 할 말 없습니다.

이처럼 미니 소집단 보고서와 실제 논쟁 학습을 전개하면서 전개되는 논쟁의 내용에는 차이가 있었다. 즉, 실제 논쟁에는 미니 소집단 보고서에서는 언급하지 않은 내용들이 등장하였다. 미니 소집단 보고서에 제시된 도시 재개발 시의 분진이나 소음 문제, 재개발 사업비의 정부지원이라는 오개념들이 실제 논쟁에서 모두 논거로 제시되는 것이 아니고 토론하는 과정에서 언급되지 않는 것도 나타났다.

셋째, 반대 입장 경험의 부적응성을 들 수 있었다. 자신이 자신 있게 말하던 논리를 바꾸어서 반대 논리로 주장을 하려고 하니까 논리 정립이 제대로 되지 않았다. 초기에는 학생들은 반대 관점에 대해서 잘 알지도 못하고 자료도 부실하여 길게 논쟁을 진행할 수 없었다. 자연히 논리의 단순 반복이 되다 보니 먼저 발표했던 내용이면 상대방이 반박을 해서 논쟁에 대한 흥미가 떨어지고 잘 알지 못하는 내용을 주장하려고 하니까 오개념도 더 많아져서 힘들어하였다.

> 다툼, 투정, 짜증…….
> 토론 때는 계속 설득하려고 하다가 바뀌면 처음에는 찬성 측 의견을 말하였는데 <u>다음 단계에서 반대 측으로 말하려고 하면 이상하고 울컥하였다. 진짜 할 것이 없는데 자료도 없고 해서 토론을 못 하니 난감하다</u>(치국, 면담 자료).

▷ '도시 재개발 논란'에서 역할 전환 단계의 양상
정태: <u>도시 재개발할 때 소음과 먼지가 많이 날 텐데 그건 어떻게 막죠?</u>
나무: <u>흔히 보면 먼지에 대한 공해도 방음벽이나 그런 게 있으면 흙먼지가 날리지 않는 시스템이 있습니다.</u> 저희 집 앞에서도 잘 활용되고 있기 때문에 도시 재개발은 안정적이라고 생각합니다.
효정: 그리고요, 먼지나 나쁜 공기는 공원이나 휴식공간에 나무들이 많으니까 나무들을 많이 심어서 제거할 수 있습니다.
정태: <u>나무를 심을 때는 사업비가 많이 들 텐데 사업비는 어떻게 됩니까?</u>
효정: <u>요즈음 나무가 없는 상태에서 나무를 심는 게 아니라 나무가 있는 데에 나무를 더 심는 거니까 사업비는 걱정 안 해도 될 것 같습니다.</u>
나무: 사업비는 정부에서 지원을 받을 수 있겠죠. 완성되면 몇 배의 이익을 얻을 수 있다고 합니다.

정태: 사업비를 이야기하는데요. 지금 경제도 어려운데 재개발을
　　　너무 많이 하면 오히려 경제가 더 어려워질 것 같습니다.
효정: 아니 경제가 어려워도 다 끝났어요.

　처음 입장 택하기 단계에서는 평소 관심이 있던 내용이기 때문에
풍부한 자료와 지식을 바탕으로 각 소집단끼리 협동하여 상대편 논
거에 대하여 반박하는 찬반토론이 활발히 벌어졌다. 입장을 바꾸어
사전에 조사하지도 않은 반박 근거를 내놓다 보니 반박을 위한 반박
의 논리가 등장하기도 하고, 오개념을 가지고서 중요한 반박 근거로
제시하기도 하였다. 보니 논쟁의 쟁점이 전혀 상관없는 방향으로 흘
러가는 경향도 드러나곤 하였다.
　넷째, 초기 입장의 변화 가능성을 들 수 있었다. 처음 입장 택하기
단계에서 자신이 찬성하는 입장에 대해서 직접 논쟁을 해 보고 반대
관점에서도 논쟁해 보는 과정을 통해서 자신이 논쟁 문제를 제기할
때 가졌던 입장을 그대로 유지할 것인지 아니면 수정할 것인지를 결
정하고 정당화하였다.

　　초기 의견과 다른 의견을 마지막에 내린 적도 많았다. 내가 잘못
　　생각하고 있었구나 하고 생각하였다. 듣는 것보다 직접적으로 해
　　보니까 더욱더 효과가 있었다(치국, 면담 자료).

　　난 평소에 관심이 있었던 사형 제도에 대해 토론하게 되어서 좋
　　았다. 난 이걸 꼭 폐지해야 한다고 생각해 왔는데 친구들의 의견을
　　듣고 꼭 필요하다면 사형해야 한다는 생각을 갖게 되었다(이나, 사
　　형 제도 논쟁 후 소감문).

　　사형 제도는 폐지를 해서 폐지를 할 수밖에 없구나라고 생각했
　　는데 이번 계기로 찬성(사형해야 한다)에 대해 마음을 가졌다(나무,

사형 제도 논쟁 후 소감문).

　논쟁중심 협동학습을 전개해 가면서 고도의 지적 활동을 통하여 탐구한 정보를 재조직하고 상대의 입장에 서 보기도 함으로써 자기 입장을 정하고 이를 분명한 논리로 정당화하였다.

제7장 논쟁 과정에서 나타나는 의사결정의 기준

초등학생들이 논쟁 과정에서 의사결정할 때 적용하는 기준에는 일정한 경향성이 발견되었다. 공적 가치보다는 사적 가치를 우선시하고 있으며, 본질적 가치보다 현실적 효용성을 중시하고 있었다. 또한 성차에 따른 신념체계의 영향이 작용하고 있었으며 종교적 신념체계도 영향을 미치고 있었다.

1 사적 가치의 우선성

논쟁을 끝내고 최종 단계에서 입장을 정할 때에는 상대방에 대한 배려보다 자신에게 이익을 가져다줄 수 있는 결정을 내렸다. 사적 영역의 쟁점에 대해서 공적 가치에 의해서 의사결정을 내리는 것이 아니라 자신의 사적인 이해와 부합이 되는지의 여부에 기초하여 결정을 내리는 경향성을 나타내었다.

학생들은 본질적 가치 측면에서 논의된 남북통일 문제에 대해서

한 민족이니까 당연히 통일이 되어야 한다는 당위성보다 남북통일이
가져올 수 있는 사회적인 혼란, 체제 안정에 대한 우려감, 문화적 교
류 부족에서 오는 이질감 등을 이유로 반대하는 입장을 취하였다.

학생들은 자신의 사적인 불편함이나 어려움, 나의 경제적 피해 등
을 남북통일이라는 공적 가치보다 훨씬 우선시하여 의사결정을 내렸
다. 이는 인간의 매우 중요한 본성적인 특성으로 학생들은 나의 문제
와 나의 상황을 우선시하여 자신의 사적 이익이나 배경에 입각하여
판단하려는 경향성이 강하였다.

또 하나의 사례로 도시 재개발 문제와 관련된 논쟁중심 학습을 살
펴보았다. 이 논쟁 문제에 참여하고 있는 학생들은 도시 중산층의 자
녀로서, 실제 살고 있는 집에 대해 재건축이 활발히 논의되고 있거나,
자신들의 집이 재건축이 된 경우가 많았다. 따라서 이 논쟁 학습에

참여한 학생들은 기본적으로 도시 재개발과 관련한 찬반 논쟁 문제에 있어서 사적 이익의 관점을 반영하여 도시 재개발을 찬성하였는데, 도시 환경 재정비와 높은 수익성을 근거로 들었다. 반대 입장에서는 과도한 재개발 비용 부담 때문에 발생하는 도시 서민들의 주거환경 불안을 근거로 들었다.

초기 입장 택하기 단계에서는 공적 가치를 판단기준으로 적용하고 있는 사례들이 발견되었다.

영수: 재개발을 하면 다른 사람들이 들어와 살 수도 있고 더 좋은 모습을 보일 수 있습니다.
수빈: 하지만 재개발을 많이 하면 돈이 많이 들잖아요.
철수: 하지만 재개발을 하는 입장에서는 돈이 많으니까 그렇게 하는 것이죠.
은지: 돈이 없는 사람은 어떻게 합니까?
철수: 그것은 돈이 없는 것은 자신의 능력에 따라서 결정되기 때문에 열심히 일하면 될 것 같습니다.
수빈: 하지만 자꾸만 재개발을 하게 되면 돈이 없는 사람들은 집을 못 사잖아요.
철수: 그건 자기 개인적인 문제입니다.
은지: 당신들이 돈이 없는 사람이라고 해 봅시다. 어떻게 할 건가요?
철수: 일자리를 구하면 되잖아요.
은지: 요즈음 경제도 어려운데 어떻게 그렇게 일자리를 쉽게 구합니까?
철수: 지하철에서 노숙하면 됩니다.
은지: 지하철에서 노숙하면 돈이 얼마나 많이 드는지 아십니까? 사람들이 주는 돈이 백 원, 오십 원밖에 되지 않는데 어느 세월에 모아서 일 억, 이억이 됩니까?
영수: 도시 재개발을 하면 여러 가지 놀이 시설과 쾌적한 도시 시설을 만들 수 있습니다.
은지: 도시의 환경이 쾌적한 것도 좋지만 사람들이 쉽고 행복하게 사는 것이 더 중요하지 않습니까?
철수: 그리고 만약에 도시에 재개발을 하면 그 보상금을 주기 때문

에 방 한 칸 정도는 얻을 수 있다고 생각합니다.

수빈: 사실이에요?

철수: 네.

은지: 요즈음에는 다 재개발한다고 해서 너도나도 이사를 갑니다. 그러므로 방값이 많아 오르게 되어 못사는 사람들은 방을 구하기가 어렵습니다.

철수: 아파트가 아니라 다른 곳이 됩니다.

수빈: 2000년대 이후에는 광역적인 도시 재개발 사업이 이룩된다고 합니다.

철수: 재개발하십시오.

은지: 가난한 서민들은 재개발이 되면 결국 지금 살고 있는 보금자리에서 쫓겨 나게 됩니다.

철수: <u>방 한 칸을 얻어서 자기가 얻은 동안 열심히 일을 해서 자기가 돈을 모아서 그러다가 점점 키워 가면 된다고 생각합니다.</u>

그러나 최종 모둠의 의견을 모을 때에는 초기에 도시 재개발에 반대하였던 학생들도 모두 찬성으로 입장을 바꾸었다. 현실적으로 도시 서민들의 이주 대책이 심각함을 인식하고는 있지만 자신이 처한 사적인 상황과는 관련성이 적으므로 사적인 이익에서 벗어나 초기의 반대 입장을 유지하기가 어려웠던 것으로 판단되었다. 즉, 자신들의 사적 이익의 입장이 그들의 가치판단에 큰 영향을 끼친 것으로 관찰되었다.

2 현실적 효용성의 중시

논쟁 문제에 대하여 의사결정을 하는 데 있어서 본질적 가치보다 현실적 효용성에 대한 고려가 학생들의 사고 과정을 좌우하기도 하였다. 쟁점이 되는 문제와 관련하여 토론해 나감에 있어서 의사결정의 준거로서 본질적 가치보다 경제 논리가 작동하는 경향성을 띠기도 하였다. 즉, 찬반 토론의 입장을 보면 공동체 의식이나 동포애와 같은 본질적인 가치를 다루는 논리에는 상대적으로 취약하고 경제적 이득이나 핵문제 해결과 같이 현실적이고 실용적인 면에서 논리를 주장하였다.

인간이 살아가면서 현실적인 문제도 중요하지만 마땅히 그러해야 한다는 당위적인 문제도 중요한 문제이다. 공동체 의식, 민족의식, 평화, 인류애 등과 같은 것은 인간이 살아가면서 추구해야 할 본질적 가치이며 당위적인 문제인 것이었다. 분단되어 있는 우리 민족에 있어서 남북통일 문제는 시대적 소명에 해당하는 것이었다.

남북통일 문제에 대하여 논의한 사례를 살펴보면 입장 택하기 단계에서 통일을 찬성하는 입장에서는 이산가족 문제 해결과 핵문제 해결을 통한 한반도 평화 정착을 찬성의 근거로 삼았다. 그에 반하여 반대하는 입장에서는 통일 비용과 비무장지대 개발 문제를 근거로 삼았다.

> 치국: 반대합니다. 비무장지대에 살고 있는 생물들이 서식지가 파괴됩니다.
> 영희: 찬성합니다. 지금 나라가 따로 갈라졌는데 통일이 되면 이산가족도 만날 수 있고.
> 이나: 저는 반대합니다. 일단 문화적 측면에서 보면 오랜 시간 동안 떨어져 있어서 지금 통일을 하면 많은 어려움이 있을 것입니다. 또 막대한 경제적 비용이 필요해서입니다.
> 철수: 찬성합니다. 남한과 북한이 통일을 하면 핵문제를 해결할 수 있습니다.

다음 단계로 찬성과 반대를 다시 바꾸어서 입장을 세워 보았다. 찬성하는 입장에서는 남과 북이 통일이 되면 경제적 이득이 많고 지금 전 세계적으로 우려를 낳고 있는 핵문제가 해결될 수 있다는 논리를 내세웠다. 반대하는 입장에서는 막대한 통일 비용이 지출되는데 이것은 곧 우리들의 세금이 많이 나간다는 것을 의미하기 때문에 반대한다는 논리를 제시하였다.

> 이나: 저는 남북통일을 찬성합니다. <u>경제적으로 많은 이득을 얻을</u> 수 있기 때문입니다.
> 철수: 하지만 북한 사람들은 못사는 사람들이 많은데 그런 사람들을 도와주기 위해서는 세금이 많이 들지 않습니까? 지금 경제가 어려운데 우리나라 사람들도 못사는 사람들이 꽤 있다고 하는데 그러면 우리나라에서도 세금이 늘어나면 어떻게 합니까?
> 치국: 저는 찬성합니다. <u>북한의 노동력과 남한의 기술력이 만나 가지고 경제발전을</u> 이룰 수 있기 때문입니다.
> 영희: 저희는 반대합니다. 북한과 남한의 생각이 다르기 때문입니다. 북한은 공산주의자이고 남한은 민주주의자이기 때문에 힘들 것 같고 대통령을 뽑을 때도 거기에서 시위가 일어날 수 있기 때문입니다.

마지막으로 의견을 모으는 단계에서 학생들은 남북통일 문제에 대하여 만장일치로 반대를 하였다. 학생들이 통일을 반대하는 이유를 꼽아 보면 정치 체제 통합의 어려움, 민족 화합의 어려움, 통일비용 증가, 언어적 문화적 차이 극복의 어려움 등이 포함되었다. 이를 보면 남북이산가족 문제라든지 북한에 사는 동포의 어려움 해결과 같은 본질적인 가치 면에 대한 고려가 부족함을 알 수 있었다.

> 영희: 나 반대! 왜냐하면 <u>북한은 공산주의자고 남한은 민주주의자</u>

잖아. 그러니까 생각이 다르니까 대통령 뽑는 것도 다르고
　　　많은 불편이 있어.
치국: 저는 반대합니다. 왜냐하면 <u>통일이 되면 북한 사람들이 난리</u>
　　　<u>치고</u> 통일이 되면 비무장지대의 서식되는 것들이 파괴되므
　　　로 반대합니다.
철수: 저도 반대합니다. 북한의 못사는 사람들이 지금도 우리나라
　　　에서 많은 지원을 해 주고 있지만 <u>북한 사람들을 지원해 주</u>
　　　<u>기 위해서는 세금을 내야 하기 때문에 세금이 늘어납니다.</u>
이나: 저도 반대합니다. <u>북한 사람들과 언어적 차이와 생활 습관의</u>
　　　<u>차이</u>가 많이 나기 때문에 통일에 반대합니다.

　　대도시의 학생들에게 농촌학교 폐교문제와 관련하여 찬반토론을
벌였을 때 입장 택하기 단계에서 폐교에 찬성하는 학생들은 예산 집
행의 효율성 제고와 유휴 학교 시설을 이용한 수익 사업의 유익성을
근거로 들었다. 이에 비하여 반대하는 입장에서는 촌락 인구의 고령
화, 촌락의 공동화 문제를 근거로 제시하였다.

나무: 교육청에서 예산을 대 주면 됩니다. 10억을 <u>이웃학교에 지원</u>
　　　<u>해 주어서 시설을 개선해 주면 문제가 없을 것</u> 같습니다.
백합: 그렇지만 학교가 폐교가 되면 <u>촌락이 노인들만 남게 되어서</u>
　　　<u>문제가 될 것</u> 아닙니까?

　　다음 단계로 찬반 교호 단계에서 입장을 바꾸어서 토론을 벌였을
때 찬성의 입장에서는 소규모 학교 통폐합을 통한 효율적 예산 집행
과 복식 수업의 폐해를 근거로 제시하였다. 그에 비해서 반대의 입장
에서는 학교 폐교 후 촌락 인구 도시로의 이동에 이어 촌락의 고령화
만 초래할 따름이라는 의견을 제시하였다.

　　장미: <u>선생님들이 여러 학년을 맡아야 되므로</u> 공부의 전문성이 떨
　　　　　어집니다.
　　나무: 반대 의견은 수가 많든 적든 폐교를 만드는 것이 문제입니다.
　　　　　폐교를 만들어서 <u>쓸모없게 만들면 돈 낭비</u>이고 운동기구도
　　　　　버려야 하니까 자원낭비이지 않습니까?

　　마지막으로 두 미니 소집단의 의견을 종합하여 모둠의 의견을 살펴본 결과 모두 학교를 폐교하는 데 찬성하는 것으로 나타났다. 농촌학교를 폐교해야 한다는 근거를 보면 경제적 효용성이 떨어지는 소규모 농촌학교에 대해서 정부가 예산으로서 가면서 살리려고 노력할 필요는 없다는 것이었다. 차라리 그 예산으로 다른 쪽에 투자하는 것이 훨씬 낫다고 생각하고 있었다.

　　백합: 누가 찬성이야?
　　네 명 다: 나! (폐교를 하자 찬성! 찬성!)
　　영수: 저는 찬성합니다. <u>경상북도 의성에서 1억 8천만 원을 들여
　　　　　학교를 수리하여</u> 소득을 높이고 있습니다.
　　장미: 저는 찬성합니다. 왜냐하면 <u>만약 폐교를 안 하면 학년을 합
　　　　　쳐서 공부를 하게 되는데, 그렇게 하면 공부의 전문성이 떨
　　　　　어집니다.</u>
　　나무: <u>학생 수가 줄어들면 대안학교를 만들면 된다.</u> 일단 대안학교
　　　　　를 만들면 돈이 많이 들기 때문에 저는 찬성을 권유합니다.

　　또 다른 예를 들어보면 새만금 간척사업 시행 논란에 있어서도 학생들은 환경을 보호하는 것보다는 개발하는 것이 현실적으로 이롭다고 판단을 내렸다. 이와 같이 학생들은 본질적 가치 측면에서 논의하기도 하지만 당위성보다는 남북통일 문제, 농촌학교 폐교나 새만금 간척사업과 같은 사업이 가져올 수 있는 현실적 난점을 우선시하였다.

3 성 차이에 따른 신념체계

학생들이 논쟁 과정에서 사실적 기준에 입각해서 판단을 내리는 경우도 있지만 가치적 기준이 작동하는 문제에 대해서는 의사결정 과정에 자신의 성에 따른 신념체계가 반영되었다. 군 가산점 부여와 같이 남녀 간에 대립을 보이는 논쟁 문제를 토론할 때 최종적인 판단의 근거로서 작동하는 것이 성 차이에 의한 가치 판단이었다.

군 가산점 부여에 대한 논쟁의 입장 택하기 단계에서 찬성하는 입장에서는 군 가산점이 남자들만의 병역의무 이행에 대한 대가로 타당하다는 의견을 제시하였다. 반면 반대 측의 입장에서는 군 가산점 제도가 여자들에 대한 성차별이며 성의 특성을 인정하지 않는 불합리한 측면이라고 주장하였다.

> 치국: <u>여자들도 군대를 가면 되는 것 아닙니까?</u> 여자들도 군대를 못 가라는 법은 없습니다.
> 영희: 여자도 물론 군대를 갈 수 있지만 솔직히 <u>군 가산점을 받는 것은 남자들만 생각하는 행위</u>입니다.
> 치국: 그렇게 따지면 <u>남자들은 나라 지키기 위해서 군대를 갔다 왔는데 보상이</u> 아무도 없으면 여자는 남자들은 그냥 힘들게 나라를 지키고 여자는 집에서 가만히 놀고먹고 있는데…….
> 영희: 여자도 고생이 있는데 <u>남자들이 군대 갔을 때 여자들은 노는 줄만 압니까?</u> 솔직히 집에서 집안일도 하고 남자도 나라를 위해서 일하는 거지.
> 철수: 저는 찬성합니다. 왜냐하면 <u>남자들이 힘들게 군대를 다녀온 대가</u>를 받을 수 있기 때문입니다.

찬반 토론의 교호 단계인 입장 바꾸기 단계에서 여학생들은 찬성 의견으로 병역의무의 자기 이행성에 대한 사회적 보상과 대가를 약

속한 것에 대한 이행을 주장하고 있었다. 남학생들은 여성 출산의 개
연적 사회적 의미 또는 사회적 기여의 측면을 인정하고 가산점 부여
는 남여 불평등 조항 근거를 들어 반대 입장을 주장하였다.

영희: 여자들에게는 불리하지만 그렇다고 남자들이 군대를 갔다
　　　왔는데 거기에 보상을 안 해 주면 그냥 갔다 온 거니까 그러
　　　면 남자들이 이렇게 갔다 왔는데 보상을 안 해 주면 어떡하
　　　냐면서 반발이 일어날 수 있습니다.
철수: 남자들이 찬성하지만, 저의 의견은 요즘은 여자들도 경제가
　　　어렵기 때문에 많이 취직을 하기 때문에 여자들도 남자들만
　　　그런 제도가 있다고 하면 여자들도 반발할 것 같습니다.
이나: 하지만 그렇다고 어떤 조건 없이 간 것도 아닌 그런 문제가
　　　된다면 남자들은 어떡하겠습니까? 그리고 남자들도 취직을
　　　해야죠. 여자들만 생각하면 안 됩니다.
치국: 그렇게 따지면 남자들은 군대를 갔다 왔다고 해서 주고 여자
　　　들에게 안 해 주면 불공평하죠.

　　그러나 최종 단계에서 학생들은 모두 자신의 성별에 입각하여 의
사결정을 한 것으로 나타났다. 남학생들은 보상을 인정해야 한다는
것을 근거로 군 가산점 부여를 찬성하였고, 여학생들은 군대와 취업
은 엄연히 다른 것으로 직무상 관련 없는 특혜를 주는 것이 부당하다
는 측면에서 반대를 하였다.

철수: 저는 남자니까 찬성을 하고, 저의 의견은 힘들게 군대를 다
　　　녀온 대가를 받을 수 있는 거 아냐?
이나: 저는 반대인데 일단 군대와 취직은 별로 상관이 없는 것으로
　　　가산점을 받더라도 우리에게 도움이 되는 것이 없기 때문에
　　　반대합니다.
치국: 군대에서 남자가 나라를 위해 열심히 일을 하였으니까 좋은
　　　직장에 취직을 할 수 있어야 한다.

영희: <u>군대 때문에 가산점을 줄 필요는 없다고</u> 생각합니다.

이처럼 군 가산점 부여에 대한 논란에서 여학생들은 남녀 성 차이의 인정과 남녀평등이라는 관점에서 보았을 때 취업 시 가산점을 부여하는 것은 여성들에게 불리하여 강력히 반대하였지만, 남학생들은 병역의무에 대한 당연한 보상이라며 전혀 다른 입장을 보였다. 이를 보아 공적 가치 기준에 의거한 논쟁 문제에서 성별에 따른 관점의 차이도 의사결정에 중요한 영향을 미치는 요인으로 나타났다.

4 종교적 신념체계

의사결정에는 각자 개인이 믿고 있는 종교적 가치관도 크게 작동하고 있었다. 기독교적인 윤리관에 입각하면 낙태금지라든가 우상숭배금지, 내세관 등이 대표적인 종교적 신념체계라고 할 수 있었다. 윤회 사상이나 자비 사상 등은 대표적인 불교적 신념체계라고 할 수 있었다. 사형 제도나 존엄사 문제, 배아줄기세포 연구 등의 주제로 토론을 전개할 때 학생들의 종교적 성향이 의사결정에 반영되는 경향을 포착할 수 있었다.

존엄사 문제와 관련하여 입장 택하기 단계에서 존엄사에 대한 찬성 입장은 무의미한 생명 연장의 부당성을 근거로 제시하였고 반대 입장은 생명 윤리 차원에서 인간의 생존권은 보호받아야 한다는 논리를 전개하였다.

장미: 빼지 말아야 합니다. <u>생명은 소중하기</u> 때문입니다.

나무: <u>생명은 소중하지만 식물이 썩으면 버려야 하듯이</u> 사람이 쓸
　　　모없는 것은 아니지만 생명을 연장한다고 완벽한 회복을 하
　　　지 못해서 움직이지 못하기 때문에 빼도 괜찮다고 생각합니다.
장미: 차라리 <u>천당 가는 것보다</u> 아빠 같은 사람이 병이 들어도 자
　　　기 어머니니까 자기 가족이니까 <u>당연히 같이 지내고 싶어 할
　　　것</u> 아닙니까?
나무: 제가 뉴스에서 봤는데요. 어떤 한 아저씨가 국내 존엄사 1호
　　　가 되는데 그 아저씨도 고통 속에서 암치료도 못 하고 언젠
　　　가 죽을 거 알고 아예 이걸 떼서 편안하게 죽을 수 있게 하
　　　는 것이 낫다고 하였습니다. 하는 사람도 그렇고 좋다고 생
　　　각합니다.
장미: 의견이 많아도 같이 사는 게 낫지 않을까?
이나: 저는 존엄사하는 것이 옳지 못하다고 생각합니다. 그 이유는
　　　생명이 소중하기 때문입니다. <u>아프다고 그냥 없애 버리는 것
　　　은 잘못</u>이기 때문입니다.
영희: 저는 찬성합니다. 왜냐하면 어떻든 식물인간이라 <u>숨만 쉬지
　　　아무것도 못하기 때문에</u> 차라리 죽는 것보다 못한 것 아닙니
　　　까? 그래서 저는 찬성합니다.

　　입장을 바꾸어서 토론하는 단계에서 찬성 쪽 입장을 정리해 본 결
과 인간의 삶의 질이라는 측면에서 개인의 행복 추구권과 생존권의
문제를 드러내고 있었다. 고통 속에서 생명 연장은 인간이 인간답게
살아갈 수 있는 자유를 제한하는 것이기 때문에 이 또한 개인의 인권
을 무시하는 것이라는 논지였다. 그와는 반대로 반대편 입장은 인간
은 존엄한 존재로서 인간이 마음대로 생명을 끊는다는 것은 인간의
생존권을 침해하고 공동체로서의 가족 행복을 인위적으로 파괴하는
행위라고 주장하였다.

장미: <u>사는 게 연장되어도 아무리 괴롭고 살기 싫어도 연장되어야
　　　합니까?</u>

나무: 차라리 그래도 그 사람도 호흡기만 있으면 숨을 쉴 수 있는 생명이기 때문에 파괴해서는 안 된다고 생각합니다. 민규 같은 아이들은 개미 하나도 죽이지 말라고 난리치는데 그 삶도 생명도 단지 아무것도 못 할 뿐이고 생명이기 때문에 죽어야 할 이유는 없다고 생각합니다.

이나: 그리고 자기 가족의 비공개된 사실이니까 얼굴 보면서 행복하게 사는 것도 필요합니다. <u>회복도 조금씩 하면서 행복해지니까 좋을 것 같다고 생각합니다.</u>

장미: 사실 식물인간이 아픈 사람이라고 해요. 그럼 당신이 아픈 사람이라고 해요. 계속 힘들고 괴롭고 고통받는데 더 살고 싶어요?

의견을 모으는 단계에서 최종 입장을 살펴본 결과 종교를 가지지 않은 학생들은 현실적으로 어려운데 무작정 과다한 병원비를 지급하는 것은 경제적으로 바른 선택이 아니라는 논리를 펼쳤다. 그에 비하여 종교를 가진 학생들은 인간은 존엄하기 때문에 존엄사는 생명 윤리상 함부로 인간이 할 수 있는 선택이 아니라는 논지를 펼치고 있었다.

나무: 존엄사하는 것은 찬성입니다. 왜냐하면 <u>일단 병원비가 많이 나오는데</u> 그냥 죽으면 돈도 절약되기 때문입니다.

장미: <u>한 생명은 되게 소중한 것</u>이기 때문에 저는 존엄사를 반대합니다.

이나: <u>생명은 소중하고 생명이 언제 살아날지도 모르기</u> 때문입니다. 죽는 것보다는 가족의 일원으로 있는 것이 더 소중하기 때문입니다.

영희: 나는 최종적으로 찬성할래. 왜냐하면 식물인간은 그냥 숨만 쉬는 것이니까 아무것도 못 하는데 살아 봤자 뾰족한 수도 없기 때문입니다.

모둠 토론에 참가한 학생 중에서 이나와 장미는 종교를 가지고 있고 나무와 영희는 종교를 가지고 있지 않았다. 그런데 존엄사에 대한 가치 판단에 대하여 한 모둠의 의견을 살펴본 결과 종교를 가진 학생들은 지금 당장은 깨어나지 못하고 고통을 당하고 있지만 함부로 생명을 다룰 수 없다는 생명 존중의 정신에 입각해서 반대하는 입장을 나타내었다. 그에 비해서 종교를 가지지 않은 학생들은 가족들에게 정신적 경제적 고통을 가중시키며 가능성도 별로 없기 때문에 현실적인 판단에 의해서 존엄사에 대하여 찬성하는 입장을 보였다. 이를 통해서 종교적인 신념 체계도 의사결정 과정에서 중요한 판단 기제로 작동하고 있는 것을 알 수 있었다.

제8장 논쟁중심 협동학습의 교육적 의미

논쟁중심 협동학습을 통해 사회과에 대한 학생들의 호감과 논리적 사고 및 비판적 사고 능력, 참여적인 태도 등과 같은 교육적으로 의미 있는 양상들이 나타났다. 이 절에서는 다른 논쟁 학습이나 전통적 학습과는 차별화된 논쟁중심 협동학습의 교육적 의미를 논리적 사고 및 비판적 사고 기능, 흥미도, 수업 참여도, 타인에 대한 배려 등의 관점에서 논쟁중심 협동학습의 적용 가능성과 논쟁중심 협동학습이 가지는 의미를 학습자들이 이해하는 근거에 의해서 살펴보았다.

1 논리적 사고 및 비판적 사고 기능 함양

학생들이 나름의 기준을 활용하여 관련 진술이나 주장, 논의 및 추론, 행위 절차 등을 평가하는 일련의 지적 과정 및 가치 판단 과정을 거친 찬성의 입장과 반대의 입장에서 의견을 제시하다 보니 지속적으로 논쟁이 모둠 구성원 간에 이루어졌다.

첫째, 학생들은 사실적 차원에서 진술의 사실성 여부를 결정하였고 이러한 기준에 따라 사실과 의견을 구분하고, 신뢰할 수 있는 정보의 선택 활동 등이 논쟁중심 협동학습의 모둠 토론 과정 속에서 이루어졌다.

(사실과 의견 구분하기)
영수: 백합이의 말처럼 새만금은 시작되었고 어떻게 멈춥니까? 어쩔 수가 없는 것입니다.
장미: 영수 말이 맞아. 어차피 시작되었고.
나무: 모든 것이 쌀로 해결되는 것도 아니고, 쌀만 먹으면 또 안 좋은 점도 있고.
영수: 근데 우리 대한민국에 바다가 한 곳만 있습니까?
나무: 갯벌은 여러 곳에 있습니까? 갯벌은 한 곳에 있는데 그리고 딴 곳에 있기는 해도 그곳은 세계에서 지정해 준 곳도 아니고, 알아주는 곳을 파괴한다는 건 말이 안 되죠.
장미: 세계가 지정한 곳인지 어떻게 알어?
나무: 세계가 지정한 곳이야. 갯벌은 보호하는 곳이야, 갯벌이 파괴되면 안 돼. 새만금은……

(신뢰로운 정보의 선택)
백합: 기사를 보니까 촌락의 한 학교에서는 주민들을 모으기 위해서 다양한 특혜를 제공해 준다고 합니다. 만약에 학교가 없다면 학생들이 없으니까 이사를 가게 되고 나이 드신 어른들만 촌락에 남게 됩니다.
장미: 선생님들이 여러 학년을 맡아야 되므로 공부의 전문성이 떨어집니다.
나무: 반대 의견은 수가 많든 적든 폐교를 만드는 것이 문제입니다. 폐교를 만들어서 쓸모없게 만들면 돈 낭비이고 운동기구도 버려야 하니까 자원낭비이지 않습니까?

둘째, 학생들은 논쟁중심 협동학습을 통해서 논리적 차원에서 사고를 일관성 있게 진행해 나갔고, 주장 또는 진술의 형식적 일관성

내지 타당성을 평가하는 데 활용하였다. 이처럼 학생들은 타당하고 충분한 근거를 들어 주장하거나, 논리적인 오류를 확인하고 추론하는 활동을 지속적으로 실시하였다.

(타당하고 충분한 근거 들어 주장하기)
백합: 누가 찬성이야?
네 명 다: 나! (폐교를 하자 찬성! 찬성!)
영수: 저는 찬성합니다. 경상북도 의성에서 1억 8천만 원을 들여 학교를 수리하여 소득을 높이고 있습니다.
장미: 저는 찬성합니다. 왜냐하면 만약 폐교를 안 하면 학년을 합쳐서 공부를 하게 되는데, 그렇게 하면 공부의 전문성이 떨어집니다.
나무: 학생 수가 줄어들면 대안학교를 만들면 된다. 일단 대안학교를 만들면 돈이 많이 들기 때문에 저는 찬성을 권유합니다.

(논리적인 오류 확인하고 추론하기)
영희: 저는 반대 입장입니다. 왜냐하면 아이들이 차를 타고 먼 곳으로 가야 하므로 아이들의 건강에 영향을 미칩니다. 어머니와 떨어지게 되고 해서 문제가 생기게 되고 새 친구를 사귀기도 어렵습니다. 그리고 폐교를 하게 된다면 다른 곳으로 전학을 가야 하므로 건강에도 안 좋고, 그리고 도시는 너무 혼잡하고 학교들이 이미 많이 있기 때문에 나무들이 많은 농촌학교에서 생활하는 게 현실적으로 좋은 일이라고 생각합니다.
철수: 만약 농촌학교가 폐교를 하게 되면 교통이나 이런 것은 불편할 수 있지만 더 많은 학생들이 있기 때문에 공부를 더 잘할 수 있고 여러 면에서 좋은 면이 있습니다.
이나: 저는 농촌학교 폐교문제에 대해 반대합니다. 그 이유는 두 가지가 있는데, 첫째 학생들이 부모님과 떨어져 살아야 합니다. 고등학교부터는 살림집을 차려서 집을 두 개로 해야 된다고 합니다. 지금 실직자가 많은데 폐교된 학교의 선생님들까지 실직자가 되면 어떻게 합니까? 또 전학은 힘든 것입니다. 그러니까 학생들에게 많은 영향을 끼칠 것입니다. 저의 학교 같은 경우에도 인원수가 다 차면 전학이 안 되는 경우

도 있습니다.
치국: <u>저는 폐교를 해야 된다고 생각합니다. 왜냐하면 폐교를 안
하면 세금 낭비가 너무 심하고 솔직히 학생 수도 얼마 안 되
고 뭐하려고 세금으로 관리합니까?</u> 아깝게 그거 다 국민 돈
인데 학교 쓰지도 않을 거면서 차라리 몇 개 학교를 통합해
서 같은 돈 들여서 아이들을 모아 가르치는 게 낫지 세금 들
여서 쓰지도 않은 학교 관리할 필요가 있습니까?

셋째, 논리적 사고 및 비판적 사고의 관점에서 살펴보면 학생들이
논쟁중심 협동학습 과정 중에 언급하는 진술이나 주장들은 모종의
관점 속에서 관련 형상들을 조망할 수 있었으며, 그 관점들을 어떻게
받아들일 수 있는가 등을 살펴보는 준거 틀로서 활용되었다. 즉, 학생
들이 다양한 관점으로 평가하기 활동 등을 통하여 주변의 사회적 사실
들의 본성이나 그에 관한 사고의 본성을 찾아가는 과정 속에서 논리적
사고 및 비판적 사고 기능이 함양되어 가는 것을 살펴볼 수 있었다.

(다양한 관점으로 평가하기)
나무: <u>교육청에서 예산을 대 주면 됩니다.</u> 10억을 이웃학교에 지원
해 주어서 시설을 개선해 주면 문제가 없을 것 같습니다.
영수: <u>교육청에서 언제까지 지원을 해 주겠습니까?</u> 교육청에서 매
년 지원을 해 주면 교육청은 남는 게 뭐가 있겠습니까?
장미: <u>시설이 좋아지면 촌락으로 사람들이 모여들게 되어서 교육청
에서 돈이 들어갈 필요가 없게 되는 거지.</u> 그러니까 좋은 시설
좋은 프로그램 다 만들어 놓고 하면 사람들이 모이게 된다.
백합: <u>그렇지만 학교가 폐교가 되면 촌락이 노인들만 남게 되어서
문제가 될 것 아닙니까?</u>

2 논쟁 학습에 대한 흥미와 관심 증대

논쟁중심 협동학습에 참여한 학생들이 학습 활동에 대한 흥미를 높이도록 논쟁 수업을 조직하였다. 즉, 학생들이 평소에 흥미가 있고 관심 있는 주제를 선정하고, 학생들이 스스로 논쟁 학습에 필요한 자료를 찾아와서 자유로운 분위기에서 의사결정 활동을 전개하도록 하였다. 그 결과 학생들은 사회수업을 기다리고 적극적으로 참여하여 학생들의 흥미와 관심은 더욱 증진되었다.

학생들의 흥미와 관심을 최대한 활용하기 위해서 학생들이 평소에 잘 알고 있는 내용이나 자신이 생각해 본 내용과 관련된 주제를 선정하였다. 학생들은 평소에 자신이 관심 있던 논쟁 주제였기 때문에 적극적으로 자료를 찾아보고 정리한 후 논쟁중심 협동학습 모형에 기초하여 찬반 토론을 벌였다.

> 우리 모둠은 협동력이 세다. 말을 안 해도 척척 진행된다. 우리 모둠은 자꾸만 토론이 길어지면 보고서를 쓸 시간이 부족해진다. 토론하는 재미에 푹 빠졌다. 그리고 토론이 재미없는 경우가 생기면 자꾸 다른 이야기를 하였다. 그래서 선생님께 눈치를 받기도 하였다(백합, 3차 소감문).

또한 논쟁중심 협동학습이라는 새로운 수업 전략을 구사하여 학습에 대한 흥미와 관심을 높일 수 있었다. 초등학생들의 주의력은 10분이 넘지 못하는 것이 현실이다. 따라서 교사가 일제식·주입식 방법을 활용한다면 학생들은 주의를 집중하지 못하고 산만한 상태에서 수업을 받을 가능성이 많기 때문이었다. 따라서 자기 주도적으로 자료를 찾아서 수업에 적용하는 활동이 좀 더 효과적인 학습방법이 될 수 있었다.

> 선생님의 이런 수업이 너무 좋다. 처음에는 집중도 안 되고 조사도 철저히 못 해 와서 도움은커녕 힘들기만 했다. 2~3번 토론 수업을 하니 적응을 하기 시작했고 내 집중력도 강화되었다. 또 자신감이 생겨 더욱 열심히 했다. 5번째 수업 정도는 조사를 더 잘해 오고 의사결정도 다수결에서 설득으로 방법이 바뀌었다. 내 실력도 더욱 강화되었다(백합, 2차 소감문).

> 사회과 수업이 좀 더 재미있었고 사회와 토론능력이 쑥쑥 커져 1석 2조로 늘게 된 것 같다. 재미있고 확실한 수업이라 좋다(혜윤, 3차 소감문).

아울러 학생들은 논쟁 문제에 대한 찬반토론을 하면서 소집단 내 다른 모둠 구성원이 이 문제에 대하여 어떻게 생각하는지도 알 수 있게 되었다. 또한 학생들은 자신이 생각하지 못했던 새로운 의견도 알게 되어 일방적으로 수업을 하는 것보다 더 재미있고 도움이 많이 되었다고 느끼고 있었다. 특히 입장 택하기 단계에서의 찬반 토론과 더불어 찬반 교호 단계를 거치면서 상대방의 입장에 대해서도 충분히 고려해 본 다음에 결정을 내리도록 하여 지적 호기심과 심도 있는 쟁점의 이해를 도모하였다.

> 알게 된 점은 상대 입장도 생각해 봐야 한다는 것이고, 토론하는 방법과 생각을 정리하는 법을 알았다. 이 사회 논쟁 수업에서 좋았던 점은 사회에서 조금 더 알게 되고 친구들과 의견을 나눌 수 있고 찬성과 반대의 입장을 잘 알 수가 있었다(영수, 3차 소감문).

> 가장 잘한 것은 두 번째 토론인데, 찬성 측의 의견으로 나도 찬성

을 해야겠다는 생각을 했다. 그리고 <u>나는 무조건 반대를 하지 말고
그 상황에 처해 있는 사람의 입장에서 생각해 보고 찬성하는 타당한
이유를 잘 들어봐야겠다.</u> 그리고 토론은 상대방의 생각을 이해해서
싸우는 일이 없을 것 같다(영수, 1차 소감문).

또한 논쟁중심 협동학습을 적용한 수업을 진행하다 보니 교사와의
상호작용에서 이루어지는 단선적인 학습과정과는 달리 학생들 상호
간에 동시다발적인 긴밀한 상호작용을 통하여 자신의 입장을 정리하
고 토론하는 과정에서 학생들은 평소에 관심이 없던 부분까지도 참
여하고 알게 되었다. 또한 학생들은 심도 있는 논의를 통해서 자신의
입장을 정리하고 토론하는 능력이 향상되었다고 인식하고 있었다.

나는 이런 수업을 해서 참 기쁘다. 왜냐하면 <u>이 세상에 무슨 문
제거리가 생기고 있는지 배우게 되고 설득을 해서 의견을 모으는
법도 배웠다</u>(백합, 1차 소감문).

14가지의 논쟁 주제에 대하여 나는 어떻게 생각하는지, 다른 사
람들은 어떻게 생각하는지, 내가 그렇게 생각하는 이유는 무엇인지
도 좀 더 자세히 알게 되었다. <u>찬성할 때 따르는 문제점과 좋은 점,
반대를 선택했을 때 생기는 문제점과 좋은 점 등도 알게 되었다. 그
리고 다른 사람의 입장이 되어 그 사람에게 이런 일이 일어나면 어떤
점이 불편할지 점점 곰곰이 생각해 보게 되었다</u>(예린, 3차 소감문).

<u>처음에는 다수결이었지만 많이 해 보니 상대방을 설득해서 마음
을 바뀌게 하는 것이 더 학습에 도움되는 것 같아 설득하는 방법을
쓰게 됐다.</u> 갈수록 토론 방식과 의사결정의 수준이 높아지는 것도
도움이 되고 점점 더 흥미를 느끼기 때문이었다(백합, 3차 소감문).

논쟁중심 협동학습에서는 자유로운 분위기가 조성되었다. 논쟁 수
업을 하면서 활동 위주의 학습이 진행되었다. 초등학교 고학년이 되

면 신체적으로 급격히 성장하고 활동량도 크게 늘어난다. 이 학생들이 오랜 시간 동안 가만히 앉아 있는 것은 매우 고통스러운 일이다. 하지만 논쟁중심 협동학습을 적용하다 보니 간접적으로 이러한 욕구를 해소시켜 주기도 하였다.

> 나는 이 논쟁 수업을 통해서 사회에 대해 더욱더 접근할 수 있었다. 나는 토론만 하면 시장터가 되어 귀가 터질 것 같지만 토론을 통해 애들의 의견도 알아보고 내 의견도 당당하게 말할 수 있었다(영훈, 1차 소감문).

> 우리 모둠과 토론하여 많이 배운 점이 있었다. 또 토론하고 있을 때, 상대의 의견을 들어보면 그럴듯하다. 당연히 이럴 때 떠드는 사람이 있었다. 장난도 많이 친다. 경고를 많이 받아도 계속하니 선생님께 혼났다(민석, 1차 소감문).

> 시끄러웠지만 의견 모으는 것에 도움이 되었고, 한 30% 과학 탐구 토론대회에 도움도 준 것 같았다. 물론 친구들과 투덕거리기도 했지만 무척 좋은 경험이었던 것 같다. 여러 교훈을 배우기 좋고 인터넷 검색하는 방법도 깨달을 수 있는데다가 생각의 높이(깊이)도 달라졌다(이나, 2차 소감문).

이 모형에 대한 학습이 익숙해질수록 논리적으로 사고하는 능력과 자신의 의견을 제시하고 정당화하고 그에 따라 반박의 의견을 제시하였다. 아울러 반대의 입장에 대한 의견제시도 확산적 사고에 의하여 찬반 교호 단계가 익숙해졌다. 그에 따른 의사결정도 다수결보다는 합의 내지 설득, 그리고 여러 의견을 조합하여 대안을 마련하기까지 하였다. 그리고 무엇보다도 사회수업을 기다리고 즐겁게 수업에 임하는 학습 분위기가 조성되었다.

　　처음에는 다수결이었지만 많이 해 보니 상대방을 설득해서 마음
을 바꾸는 것이 더 학습에 도움이 되는 것 같아 설득하는 방법을
쓰게 됐다. 갈수록 토론 방식과 의사결정 수준이 높아지는 것도 도
움이 되고 점점 더 흥미를 느끼기 때문이었다(백합, 2차 소감문).

　　편을 바꾸어 상대방의 의견을 잘 이해할 수 있어서 좋고 상대방
의 의견을 설득하는 것이었다. 나는 8차시에 걸쳐 사회 수업을 한
후 설득력과 타협하는 것을 조금 더 자신감 있게 할 수 있었다(장
미, 2차 소감문).

3 적극적인 참여 태도

　　논쟁중심 협동학습은 협동학습 구성원들이 서로 협동하여 의사결
정을 하는 구조이기 때문에 상호의존성이 강했다. 즉, 논쟁중심 협동
학습에서 모둠 토론하고 보고서를 작성해서 발표하는 활동이 일부
학생들의 독점이 아닌 모든 모둠 구성원들의 적극적인 참여로 이루
어졌다.

　　논쟁중심 협동학습에서는 학생들이 교사에 의존하지 않고 학생 서
로에게 의존하여 학습활동을 전개하였다. 외적 통제에 의해서가 아니
라 스스로 자신의 행동에 책임을 지며, 동료의 의견을 듣고 서로에게
관심을 가졌다. 그들은 집단의 결과에 기여하고 집단의 결과에 책임
을 지며, 동료들을 도와주는 것이 자기에게 도움이 된다는 것을 알게
되었다고 하였다.

　　나는 이 토의 토론을 하면서 많은 것을 배우게 되었다. 친구의
의견을 존중하기, 협동하기, 장단점 찾기 등 이렇게 많은 것을 배
우는 데 친구들이 있었다. 친구들과 4차시까지 열심히 해 줘서 고
맙다(나무, 1차 소감문).

논쟁 학습을 하면 좋은 점은 좀 더 그 사건에 대해 더 많은 생각을 가질 수 있고, 의견을 더 논리적으로 말할 수 있다는 것이다. 우리 반의 장점은 아이들이 기죽지 않고 자신 있게 자신의 의견을 말할 수 있다는 것이다.(영수, 3차 소감문).

논쟁중심 협동학습 모형에서는 참여한 학생들 모두에게 학습에 참여할 수 있는 기회가 확대되었다. 전통적인 토의 수업에서는 발표를 잘하고 머리가 좋아서 임기응변을 잘하는 소수의 학생들이 적극적으로 토의에 참석해서 주도하기 때문에 대다수의 학생들은 구경꾼으로 전락하는 경우가 많았다. 그러나 논쟁중심 협동학습 모형에서는 소모둠을 만들어 미니 소집단 보고서를 작성하고 의사결정을 하는 과정에서 모든 학생들이 참여하여 동시다발적으로 상호작용을 벌이는 양상이 나타나게 되었다.

아무리 4차시까지 수업을 해도 '우리 반 전체의 생각을 어떻게 모으냐?'가 정말 궁금했다. 하지만 내 생각을 모으고, 미니 소집단이 모둠의 생각도 모으니 본의 아니게 의견 모으는 것을 잘하게 되었다(은지, 1차 소감문).

우리 반의 토론 자세는 의견도 잘 내세운 것 같은데 나도 그렇고 타협을 하려면 오랜 시간이 걸리고 다른 사람의 의견과 자신의 의견을 결합할 줄 모르겠고 갑작스럽게 질문을 하면 어떻게 답을 할지 모르겠다. 하지만 첫 번째 한미 FTA결성 토론보다는 토론 실력이 향상된 것 같다(혜윤, 2차 소감문).

우리 반의 의견을 모아서 몇 명의 아이들 의견을 바꾸어 보았다. 나는 이번에 이 점이 제일 흥미롭고 재미있었다고 생각하였다. 그리고 이번 토론을 하다가 아이들과 많이 싸우기도 하였다. 그렇기는 하였지만 그 덕분에 많은 것을 배웠다. 나는 이번 논쟁 수업을 하여서 사회과가 더욱더 재미있어지고 쉬워졌다(보영, 1차 소감문).

4 타인 존중과 양보의 중요성

논쟁중심 협동학습이 익숙해지면서 논쟁이 논쟁으로만 끝나는 것이 아니라 상대방의 입장도 충분히 고려해서 자신의 입장을 정리하는 방향으로 전환되었다. 학생들은 상대방과의 대화와 설득을 통해서 모둠의 의견을 하나의 의견으로 통합하였다.

이 모형을 적용하는 초기에 학생들은 말싸움 등 갈등적인 구조로 미니 소집단 간에 부정적인 상호의존성이 존재하였다. 소집단 내에서도 자기 집단의 논리가 반영이 되고 상대방의 논리는 반영되지 않는 결과를 얻으려고 노력하였다. 그러다 보니 학생들 간에 자연적으로 다툼이 많이 일어났다.

(의견이 모아지지 않고 싸움이 되는 소감문)
<u>친구들과 논쟁을 하다 보니 자신의 의견을 고집할 때도 있어서 어려울 때가 많습니다.</u> 합의안을 내기 위해는 자신의 반대편 상대의 의견을 다시 한 번 생각해 본 후 서로 설득을 하면서 의견 충돌이 없도록 해야겠습니다. 설득하는 능력을 좀 더 키워서 상대방을 나의 의견으로 설득해야겠습니다. 저희 모둠이 느낀 것은 자신의 의견만 고집하지 않기, 설득력 기르기, 싸우지 않기, 딴짓 하지 않기, 울지 않기, 좀 더 열심히 참여하기 등입니다(영희, 2차 소감문).

초기에는 상대편을 경쟁적인 상대로 인식하고 논쟁을 진행하였으나 점차 소집단끼리 모둠 의견을 모으기 위해서 서로 도와줄 뿐만 아니라 동료에 대해서나 학습활동 자체에 대해서도 긍정적인 태도를 형성하였다.

(의견이 모아지는 수업과정)

철수: 찬성이 더 나을 것 같아. 의견을 보면 나는 반대 나중에 미래에는 고칠 수 있다고 생각하기 때문이야.

영희: 나는 반대할 거야.

치국: 나 반대!

철수: 제 의견은 떼지 말아야 한다고 생각합니다.

영희: 저는 존엄사에 대하여 반대합니다. 나는 떼어야 한다고 생각합니다.

철수: 산소호흡기를 떼서 그 주변을 고칠 수 있다고 하면 그때는 가족들이 허무하기 때문에.

영희: 아무리 해도 죽이는 게 낫다고 하면 불쌍하지 않습니까?

치국: 저는 철수의 의견도 많고, 영희의 의견도 맞다고 생각합니다. 제가 생각하기에 신약을 개발한다고 해도 동물실험을 한 다음에 연구 보고서를 발표하고 하다보면 5년 이상 걸립니다. 그동안 식물인간은 5년 동안 기다리려야 하기 때문에 너무 힘듭니다. 하지만 희망을 갖고 식물인간 상태에서 죽이지 말고 기다려야 한다고 생각합니다.

철수: 나 반대.

영희: 나 반대.

이나: <u>몰라, 오락가락이야.</u>

영희: <u>의견이 많은 니네 3명 쪽으로하자. 니네 3명이 의견이 많은 쪽으로 하자.</u>

이나: <u>생명은 소중하고 생명이 언제 살아날지도 모르기 때문입니다. 죽는 것보다는 가족의 일원으로 있는 것이 더 소중하기 때문입니다.</u>

영희: 나는 최종적으로 찬성할래. 왜냐하면 식물인간을 낙오사라고 할 수 없고 그리고 먹는 것도 안 되고 그냥 숨만 쉬는 것이니까 아무것도 못하는데 살아 봤자 뾰족한 수도 없기 때문입니다.

치국: <u>찬성합니다. 왜냐하면 영희와 똑같은데 5년 동안 기다리면 가족들이 숨도 못 쉬고 헉헉거리며 마음고생이 심하기 때문입니다.</u>

이나: <u>저는 찬성하고 반대쪽에서 왔다 갔다 했는데 치국이의 의견을 듣고 알았는데 기술이 발달해서 고친다고 해도 최고 5년은 걸린다 하고 산다는 보장도 없고 차라리 그렇게 기다리는 것보다는 차라리 저는 교회를 가는 게 낫다고 생각합니다.</u> 그래서 저는 찬성합니다.

영희: 의견을 모으기 위해서 모두 다 찬성도 아니고 반대도 아니고 이나가 하는 의견이 적잖아.

치국: <u>이나가 우리 쪽에 찬성을 했기 때문에 찬성하는 게 그렇게 나쁘다고 생각하지 않습니다.</u>

철수: 저는 아무것도 할 수 없기 때문에 차라리 죽는 것이 낫다고 생각합니다.

이나: <u>그런데 찬성하기로 합니다.</u>

학습이 진행됨에 따라 점차적으로 학생들은 논쟁중심 협동학습을 하고 난 후 합의안을 만들기 위해서는 자기 소집단의 의견만을 주장해서는 안 된다는 것을 인식하게 되었다. 학생들이 자신의 입장만 고집할 때마다 다툼이 일어나고 합의안도 나오지 않아서 모둠 발표를 하지 못하는 상황이 발생하였기 때문이었다.

(합의안이 나오지 못한 상황에 대한 질의응답 장면)

3조: <u>저희 3모둠은 찬성하는 쪽이 1명 반대하는 쪽이 3명이었습니다. 그런데 나중에 근데 철수의 입장에서는 남들이 꺼리는 일을 외국인이 해야 하기 때문에 찬성한다는 것이었고 제가 반대했을 때는 정확한 능력을 검증하기 어렵기 때문에 함부로 해고하기 어려워서</u> 그거를 반대한다고 했는데, 저는 값싼 임금에 비해서 우수한 노동력이 될 수 있기 때문에 찬성을 하는 입장입니다. 하지만 치국이는 외국인 불법 노동자 때문에 문제가 크다고 생각하여 반대합니다. 신이 나는 이들이 받은 돈을 그들의 나라로 보내질 것이기 때문에 우리나라로서는 손해라고 말했습니다. 질문 있습니까?

은지: <u>철수가 찬성 1명이고 다른 아이들이 다 반대이면 설득을 시켜서 반대를 만들든가 아니면 찬성을 만들 수가 있잖아요.</u>

영희: 그게 잘 되지 않았습니다. <u>왜냐하면 이나가 절대 넘어오지 않는다고 했고 배려를 할 마음이 조금도 없었기 때문에 잘 안 되었고 그리고 철수도 같은 마음이었기 때문에 배려할 수 있는 그런 생각이 없었기 때문에 애들이 아예 거기로 넘어가고 싶은 생각이 없었습니다.</u> 그렇기 때문에 우리가 입장을

선택할 수 없었습니다.
혜윤: 어떻게든 해서 의견을 모아야 되는데 이영희 양이 찬성으로 넘어오고 범석군도 중립이니까 찬성으로 결정하면 안 됩니까?
영희: 그게 사실은 치국이 원래 반대였는데 찬성으로 갈려고 했는데 그게 안 된대요. 빠진다고 했다가 중간이라고 했어요. 근데 그게 좀 모둠에서 약간 싸웠기 때문에 좀 힘들었고요. 찬성으로 할 수도 있겠지만 그게 좀 되면 이나가 기분이 나쁘고 울지도 몰라서 하지 않았습니다.

학생들은 논쟁중심 협동학습을 진행하면서 서로가 의견을 존중하지 않고 기본적인 예의가 지켜지지 않을 때마다 모둠 전체가 피해를 보고 의견을 정하기가 어렵다는 것을 인식하게 되었다.

학생들은 상대편 의견을 잘 들어주고 그 의견에 대하여 다시 한 번 생각해 본 후 서로 설득해야 한다는 것을 배웠다. 자기 의견만 고집 부리지 않기, 설득력 기르기, 친구들과 화내지 않고 의견을 제시하기, 친구들과 의견 충돌 시 싸우지 않기, 타당한 상대방 의견이면 양보하기 등의 방법을 통해서 소집단 간에 의견 충돌 없이 합의안을 도출해 낼 수 있었다.

이 일로 나는 한 문제에도 주의 깊게 신경 써서 더 생각하는 걸 알게 되었다. 또 우리가 다뤘던 문제들에 대한 생각도 '무조건'에서 '한 번 더'로 바뀌었다. 나는 이 토론을 통해서 많은 걸 배우게 되었다. 친구들의 의견 존중하기, 협동하기, 장단점 찾기 등등 이렇게 많은 걸 배우는 데 친구들이 있었다(나무, 1차 소감문).

4번의 논쟁 수업을 통해서 우리 조는 더 인정감과 배려심을 키울 수 있었다. 어떤 때에는 우리 조 3명이 모두 같은 자료를 가져와서 깜짝 놀랐다. 하지만 가장 많은 자료를 가져온 사람의 의견을 따르게 되고 그 다음부터는 토론수업을 할 때 모두 적극적으로 활동하기 시작했다(영희).

Part 4

논쟁중심 협동학습 적용을 위한 함의

제9장 논쟁중심 협동학습 적용상의 난점

논쟁중심 협동학습 구조에서는 주로 모둠을 이루어 학습을 하므로 자신이 속한 모둠에서 토론하고 합의해야 하였다. 그런데 모둠 토론 중에 집단 역학의 특징을 보이기도 하였다. 복잡성의 회피를 위해서 다수결로 직통하거나, 두 견해의 지속적인 대립, 합의된 의사결정의 실패, 큰 고민 없이 곧바로 결정하는 등의 특징을 나타내었다. 또한 상호작용에서 긍정적인 인식과 부정적인 인식이 공존하는 가운데 영원한 엑스트라로서의 자기 존재성도 부각되고 있었다. 아울러 학습자료 수집 활동의 불성실성과 보고서 충실도의 한계라는 문제도 제기되었다.

1 다수결 원칙의 편의적 활용

모둠이 의사결정을 할 때 합리적인 판단이 아니라 편의적으로 소집단 의견을 종합하는 경향이 나타났다. 하나의 주장으로 모으는 과정에서 충분히 토론하지 않고 고민 없이 곧바로 다수결로 결정하거나 무기력하게 기계적으로 결정하는 경우, 그리고 토론 없이 무조건 자신의 주장을 강권하는 경향성도 나타났다.

학생들이 다수결 원칙에 따라 의사결정하는 경우를 유목화하여 살펴보았다. 학생들이 입장 택하기 단계와 입장 바꾸어 토론하는 단계에서 찬반 토론이 심도 있게 이루어졌음에도 불구하고 모둠의 입장을 세우는 단계에서 큰 고민 없이 곧바로 기계적으로 선택하여 결정하는 경우가 많았다.

첫째 유형은 큰 고민 없이 곧바로 결정하는 유형이었다. 소집단 내에서의 큰 고민 없이 곧바로 다수결에 의해서 의견을 도출하는 유형이었다. 학급 전체에서 발표할 모둠 보고서는 작성해야 하는데 의견은 분열되어 있고 시간은 촉박하다 보니 다수결로 결정하는 경우가 많았다. 큰 고민을 하기 싫고, 다투는 것도 싫고, 또 빨리 끝내고 장난치고 싶어서 다수결의 방법을 사용하여 편의적으로 결정하려는 경향이 드러났다.

> 가끔씩 친구들과 싸우고 다투는 날도 종종 있고 그냥 무작정 '우리 그냥 찬성으로 발표하자'라는 말을 해 그냥 싸우지 않고 넘어간 적도 있었다. 가끔 찬성과 반대를 나눌 때 가위바위보 같은 것으로 유치하게 할 때도 있었다(영희, 면담 자료).

> 보통 누구 한 명이 다른 의견을 내면 그 아이 혼자서 의견이 안 맞아도 우리는 "야! 그냥 우리 의견대로 해"라고 하였다. 아마 귀차니즘 때문인 것 같다. 그리고 모둠 보고서나 개인 보고서를 대충 쓰고 나서 서로 깔깔 웃기도 하고 이야기하기도 하였다(수빈, 3차 소감문).

　　박주현은 토론 수업 끝으로 가면서는 만약 선생님이 10분을 주
면 빨리 7분 안에 끝내고 나머지 애들과 이른바 '필통에 지우개 넣
기' 놀이만 하였다. 나는 구경만 하였다. 아니 구경만 하는 건 아니
고 애들에 비해 적게 논다(재원, 3차 소감문).

　　둘째 유형은 복잡성을 회피하기 위해 다수결로 직통하는 유형이었
다. 복잡하게 토론을 하지 않고 바로 다수결로 결정을 하는 유형으로
논쟁 주제가 재미도 없고 어려울 때 심도 있는 협의 없이 다수결로
결정하는 경향이 있었다. 굳이 이해가 되지도 않는 어려운 주제에 대
하여 논쟁을 해 봤자 앵무새처럼 말할 따름이지 마음속으로 내면화
가 되지 않기 때문이었다. 그러다 보니 어차피 모르는 내용이니까 아
무 입장이나 결정해도 그리 큰 문제가 되지 않는다고 생각하여 암묵
적 방조자가 되는 것이었다.

　　(자료 준비의 미흡)
　　좋지 않았던 점은 모둠 구성원이 자료를 가져오지 않았던 것이
고 모둠 구성원끼리 쓸데없는 이야기를 하거나 싸우거나 장난치거
나 하기 싫은 도우미를 연속적으로 5번 하기도 하였다(나무, 1차
소감문).

　　(산만한 토론 운영)
　　이런 수업을 통해서 토론하는 방법은 잘 알 수 있었다. 그러나
자꾸자꾸 놀고 싶고, 대충대충 하고 나서 이야기를 하고 싶은 마음
이 든다. 그래서 오히려 역효과가 날 수도 있다는 생각이 든다. 또
우리는 솔직히 말하면 토론 시간에 논 적이 있었다. 이 문제는 우
리 조만이 아니라 다른 조의 문제도 될 것 같다. 그리고 조사를 안
해 온 사람도 종종 있었고 미니 보고서는 그냥 베끼는 경우도 있었
다(효정, 3차 소감문).

(기계적인 토론 운영)

토론 수업의 장점은 재미있고 나라의 일에 대하여 내 의견을 확실하게 정할 수 있고 난점은 아이들 사이의 분열이다. 우리 모둠은 모두 숙제를 다 하고 미니 소집단 보고서를 만들 때 모두 합의가 되었다. 그리고 만날 만장일치로 같으니 우리 모둠은 제일 단합이 잘된 점이 자랑스럽다. 그리고 동그라미 많이 받기에서 이겨서 스티커를 받은 것도 기분이 좋았다. 우리 모둠은 무조건 1등을 해야 한다는 생각으로 했지만 때때로 그렇지 않을 때도 있었다. 우리 모둠은 거의 싸운 적이 없지만 빨리 끝내고 노는 것이 재미있었다(지섭, 3차 소감문).

(어려운 주제에 대한 무관심)

우리 모둠은 우리에게 관심이 좀 많고 이해하기 쉬운 토론 주제는 매우 잘 되는 편이지만 재미가 없고 이해하기 어렵고 힘든 주제는 그냥 우리 모둠은 1찬성이면 찬성, 반대이면 반대 그냥 하나로 몰아놓고 이유도 조사해 온 것에서 베껴서 써 놓고 장애물 넣기 놀이를 하면서 놀았다(주현, 3차 소감문).

(학습동기 부여의 어려움)

지금껏 찬반토론 수업을 하면서 솔직히 별로 재미는 없었다. 또 전날에 컴퓨터로 조사하는 것이 힘들었고, 또 이런 주제로 토론해도 아직 우리가 할 수 있는 일은 아무것도 없는데 계속 토론하는 것이 무의미하게 느껴지기도 하였다. 그래도 서로 설득하고 말하는 능력이 좋아지는 것 같기도 하였다. 그렇게 좋아지는 것도 있지만 힘듦과 지루함이 더 크기 때문에 2학기에는 하지 않았으면 좋겠다(재원, 3차 소감문).

마지막에는 의견을 결정하는 순간이었는데 그때가 가장 힘들다. 우리 모둠은 3 : 1인 때가 많아서 결정이 힘들다. 우리들은 거의 다수결로 모둠의 의견을 결정하였다. 그렇지만 다수결을 하면 3 : 1에서 1인 사람이 불공평하기보다는 좀 슬플 것 같다. 이나가 가끔 토론 수업을 할 때 자신의 의견이 되지 않아서 울 때가 있어서 그것이 조금 기분이 나쁘다(영희, 3차 소감문).

세 번째 유형은 합의된 의사결정의 실패형이었다. 모둠 구성원들끼리 합의하여 모둠의견을 정해야 하는데 무작정 나의 생각과 다른 의견에 대해 반감을 갖고 강제적으로 의견을 모으려는 유형으로 다른 사람의 의견도 듣고 자신이 반대 입장에 서서 의견을 제시해 보는 과정 속에서 자신의 생각을 정리하고 이를 바탕으로 다른 소집단과 합의하여 모둠 보고서를 작성해야 하였다. 상대방의 의견을 충분히 들어주고 상대방을 설득하는 과정을 거치면서 지적인 부정과 갈등의 단계를 거쳐서 합의를 이루어야 다음에 더 나은 선택을 할 수 있었다. 그러나 논리적인 근거를 가지고 설득하지 않고 윽박질러서 모둠 의견을 결정하는 경우도 있었다.

서로(나와 철수가) 증오하는 것 같고, 서로 편으로 안 넘어가려고 안간힘을 쓰는 것 같습니다(이나, 3차 소감문).

정혜윤이랑 같은 모둠을 했을 때 정혜윤은 나에게 말할 틈을 주지 않는다. 그리고 내 의견으로 오게 하기 위해 노력하지만 계속 아무 이유 없이 넘어오라고 하였다. 이런 사례가 많았다. 나 혼자서 의견이 달라 어쩔 수 없이 오라고 하여서 그 의견으로 넘어간 적이 다섯 번도 넘었다(민석, 2차 소감문).

영훈이는 종종 숙제를 안 해 와서 나와 함께 같은 미니 소집단 보고서를 작성할 때 내 의견만으로는 끝낼 때가 있었다. 혜윤이는 너무 자기 주장만 내세워서 어쩔 수 없이 혜윤이 의견이 맞다고 손을 들어준다. 그렇지만 너무나도 현명하거나 좋은 의견을 주어서 좋기도 하였다(수빈, 3차 소감문).

(적용이 어렵다−토론 시간의 부족)
유수현은 의견을 너무 길게 내어 우리 모둠의 대부분의 의견이 유수현의 주장이다. 의견을 말하는 시간이 별로 없다. 왜냐하면 토론할 시간은 고작 5분이다. 그런데 유수현은 30초~1분 정도 걸리는 것 같다(성연, 3차 소감문).

다수결의 원칙에 따라서 기계적으로 결정을 하다 보니까 소수의 의견에 대한 배려가 없어서 그에 대한 불만이 많은 학생들이 생겨났다. 일방적으로 다수결이라는 미명하에 자신의 주장만을 고수하려는 경향의 학생들도 나타났다.

② 두 견해의 지속적 대립

학생들이 찬성의 입장과 반대의 입장에서 절대 양보를 하지 않고 의견의 평행선을 그어서 도저히 합의가 되지 않는 경향성이 드러났다. 이런 경우에는 절대적으로 하나의 모둠 의견을 모을 수가 없었다. 모둠의 의견을 하나로 모아 모둠 보고서를 작성할 때 많은 다툼이 일어났고 그러다 보니 모둠 구성원 모두의 지지를 받는 모둠의 입장을 세우기가 힘이 들었다.

> ▷ '새만금 간척사업' 사례
> 영희: <u>그러면 오늘은 다수결로 정하지 말자. 그러면 한 번 더 읽어
>   보고 이익이 될 만한 것으로 보고하자.</u>
> 철수: 찬성.
> 이나: 나! 반대.
> 영희: 찬성이 더 좋을 것 같애. 엄청난 돈을 들인 거가 너무…….
> 철수: 반대하면 돈을 버리는 거야.
> 영희: 근데 지금 안 하고 있는 게 아니라 지금 하고 있는 거잖아,
>   새만금 사업을……. 이미 돈을 많이 들였는데 갑자기 반대를
>   해 버리면 중단될 수도 있잖아. 그러면 그동안 쏟아부은 돈
>   이 너무 아깝잖아.
> 철수: 그리고 만약에 지금 중단하면 2조 원의 돈을 바다에 버리는
>   거잖아.
> 이나: 반대인데.

철수: 돈이…… 우리가 경제가 어려운데 2조 원씩이나 되는 돈을
　　　버리는 거잖아, 어떡할래?
영희: 솔직히 이건 공부하라고 하는 건데 경제적인 것을 따지는 건
　　　아니잖아.
철수: 2조 원이 10원 몇 개인지 알아? 100원 몇 개인지 알아? 만 원
　　　몇 개인지 알아? 모두 우리나라의 손실이 되는 거야, 우리나
　　　라 돈이잖아.
영희: <u>토론을 했을 때 우리 의견이 달라지잖아. 다시 말해 봐.</u>
철수: 찬성.
치국: 지금까지는 찬성이야.
철수: 근데 나는 돈이 아까우니까 찬성하는 쪽으로 할래.
　　　찬성! 반대! 찬성! 반대! 돌아가는 거는 안 되잖아. 새들을 다
　　　른 곳에 옮기고 하면 되잖아.
영희: <u>이건 안 되니까 너는 찬성이면 반대의견을 내고 너는 반대니</u>
　　　<u>까 찬성 의견을 내고 그거를 동의해 봐. 이해를 해. 이해를</u>
　　　<u>내가 찬성이면 반대 입장을 이해를 해. 어떡할 거야? 그럼 우</u>
　　　리 발표해야 되는데…… 어떻게든 해봐, 일단.
철수: 찬성…….
치국: 쟤는 반대야 반대.
철수: 찬성 3 대 반대 1일 때요, 자기는 반대의견을 꼭 해야 된다고
　　　하는데 어떡해요?
영희: 어차피 근데 경제적으로 다수결로 하면 찬성으로 해야 돼.
　　　어차피 회장 선거도 그렇게 하잖아.
치국: 야! 오늘은 우리가 양보할 테니까 그럼 다음엔…….
철수: 그런 게 어디 있어?
영희: 반대하였다 그랬는데 반대 쓰라고 말해 봐.
치국: 야! 싸우지 마.
철수: 찬성 써.
영희: <u>그럼 어떡해, 얘 또 울면 어떡해.</u>
치국: <u>정말 울어, 쟤.</u>
철수: <u>그럼 오늘만 양보해.</u>
치국: 해야 된다니까 지금.
철수: <u>그래, 해라 해!</u>
철수: 그럼 앞으로 찬성, 반대, 찬성, 반대 하자고.

▷ '외국인 노동자 문제' 사례

나무: 저희는 외국인 노동자들에 대해서 찬성합니다. 왜냐하면 외국인 노동자들이 농업부분으로 간다면 우리 농촌의 어려움이 좀 더 쉬워지고 수입농산물이나 수입식품에 대한 방어 효과가 있기 때문에 찬성합니다.

장미: 저희는 반대합니다. 왜냐하면 우리의 우수한 기술이 해외 노동자들에게 자연스럽게 보상받지도 못하고 전수되기 때문입니다.

백합: 하지만 그들을 잘 감시해서 기술을 가르친 다음에 기술을 보호하고 그들은 그 나라가 우리나라보다 못살기 때문에 우리나라로 노동을 하러 오는 것입니다. 그렇기 때문에 기술 중에서 우리나라에서만 할 수 있는 기술 다른 나라에서는 불가능한 기술을 가르치면 그 사람들이 함부로 쓰지 못하게 될 것입니다.

영수: 아무리 큰 이익이 있다고 하더라도 이들은 우리 민족이 아닌 다른 민족이라는 것은 부인할 수 없는 사실이므로 갈등의 소지가 있는 것이 분명합니다.

나무: 그리고 또 우리나라가 지금 제조업도 일손이 부족해서 자금도 없고 그러는데 외국인 노동자들이 값이 싸서 그것은 들어오면 많은 이익을 볼 수 있다고 생각합니다.

장미: 나는 이익을 봐도 단기적으로는 상관없지만 중장기적으로는 우리의 지식이 새기 때문에 별로 좋지 않다고 생각합니다.

백합: 아니 근데 그 기술보다는 더 많은 이익을 얻기 때문에 우리에게는 좋은 일이라고 생각합니다.

▷ '농촌학교 폐교 문제' 사례

영희: 저는 찬성합니다. 왜냐하면 아이들이 많은 학교로 시설이 더 좋은 도시로 아이들이 가야지만 아이들이 교육문제도 해결할 수 있고, 그리고 아이들이 다른 학교로 가게 되면 수준이 더 높아집니다.

철수: 나 한다. 찬성. 학교가 폐교된다면 땅이 생기는데 그 땅을 다른 용도로 사용할 수 있기 때문입니다.

치국: 전 찬성합니다. 왜냐하면 학교를 폐교 안 하게 되면 세금을 낭비하는 것이고 통합을 하면 더 좋은 교육을 받을 수 있어서 농촌학교를 폐교해야 된다고 생각합니다.

이나: 저 이나는 반대합니다. 왜냐하면 학생들이 부모님과 떨어져서 살아야 합니다. 왜냐하면 친구들이 진짜 힘들어하고 있어요.

영희: 그런데 이건 다수결인데 이걸로는 의견을 나눌 수가 없습니다. 그런데 의견들이 많습니다. 다수결, 다수결…… 그리고 우리의 합의를 하는 과정에서 일단 의견이 적합한 쪽으로 하는 것이 좋다고 생각합니다. 그런데 반대를 하게 된다면 어떤 사람들에게 아이들이 농촌학교에 다니는 것도 좋은 일이지만 하는 쪽에서는 그 시설로 요양원이나 병원을 만들 수 있기 때문에 저희는 찬성으로 하기로 했습니다.

철수: 그러니까 합의를 어떻게 하냐고? 저희는 요양원이나 병원을 지으려면 땅값도 많이 들고 지금 경기가 안 좋기 때문에 학생들이 도시로 가면 됩니다. 저도 아침 일찍 일어나요, 5시에 일어납니다. 그리고 도시에는 시설들도 많고 캠프 같은 것도 많으니까 교육문제도 생각해 주어야 되고 그리고 학교 사립 다녀 가지고 그냥 기숙사 보내면 해결되는 거 아닙니까? 그러므로 우리는 다수결로 정하겠습니다. 저희 모둠에는 여러 가지 의견이 겹쳤지만 저희는 찬성하는 쪽으로 갑니다.

특히 종교적인 신념이나 성 차이에 의한 논쟁 문제에서 갈등이 생겼을 경우 타협이 매우 어려웠다. 의견이 대립되다 보니까 학생들 간에 다툼이 일어났고 그에 따라 학습에서 소외되거나 억지를 부리는 학생들의 의견으로 통일되는 경우도 있었다. 극단적인 갈등으로 치닫는 경우 학생들이 힘들어하다가 결국 논쟁 학습이 파국을 맞는 경우도 있었다.

3 구성원 간 영향력의 불균형

논쟁 과정에서 모둠 구성원 간에 의사결정 과정에서 발휘할 수 있는 영향력에 있어서 차이가 나타났다. 일부 학생들의 의견은 지속적으로 관철되고 일부 학생들의 의견은 지속적으로 거부되는 현상이 발견되었다.

뭐 보완해도 저를 무시하는 행동에서 나온 것이기에 고칠 수가 없을 것 같습니다. 전 애들이 한 사람 한 사람의 의견도 존중할 수 있게 되었으면 좋겠습니다(이나, 2차 소감문).

처음에는 나 혼자 3 : 1이었는데 치국이가 중앙 의견을 하고 영희가 건너왔다. 서로 의견을 꺾지 않아서 찬성, 반대 의견이 되었다. 사실은 저번에 이나가 의견을 꺾지 않은 것과 똑같이 한 거였다. 이나가 의견을 존중하고 배려했으면 좋겠다(철수, 외국인 노동자 문제 소감문).

나만 빼고 철수, 치국이 영희가 셋이서만 토론하여 의사결정하는 경우가 많다. 내가 의견을 제시해도 계속 왜 그래야 하냐고 하였다. 그 이유는 아무래도 우리 4인 1조 모둠이 날 무시하고 내가 항상 잘못되었다고 생각하는 것 같다. 일단 꼭 자기들의 의견이 채택되어야 한다고 생각하는 것 같다(이나, 3차 소감문).

철수는 이나가 자꾸 의견을 종합하여 모둠 보고서를 작성할 때 자신의 의견을 절대 양보하지 않고 고집을 피우고 자기의 의견이 관철되지 않으면 울어 버려 논쟁중심의 협동학습을 엉망으로 만들어 버린다는 점이 불만이었다.

떠들거나 장난친 것도 1차시부터 6차시까지는 인정하였다. 하지만 7차시, 8차시는 최악이었다. 왜냐하면 서로가 의견을 존중하지 않고 기본적인 예의가 지켜지지 않고 할 때마다 어떤 한 사람 때문에 피해를 보고 의견을 정하기가 어려워지고 자기 의견이 안 되면 우는 경우가 있었기 때문이었다. 서로의 의견을 존중해 주고 울지 않았으면 좋겠다(철수, 2차 소감문).

내가 작성도우미일 때 영희는 자기가 한다고 모둠 보고서를 확가로챘다. 이 수업은 별로 좋지 않은 것 같다. 그 이유는 하나이다. 자기 이익만 보는 애들이 자기들끼리만 하니까 나는 꼭두각시 말고는 할 것이 없다(이나, 2차 소감문).

그러는 와중에 영희는 철수에게 호감을 가지고 있어서 심정적으로 철수가 편을 들어주고 있었다. 표면적인 이유는 철수의 맘에 들지 않으면 다른 아이들에게 마구 나쁜 소문을 내고 다니며 괴롭히기도 한다는 것이었다. 그러다 보니 자신은 철수의 편을 들지 않을 수 없다는 것이었다. 그런 연유로 해서 모둠 의견을 정할 때 항상 철수와 영희는 의견을 같이하였다.

> 처음에 3 : 1이었는데 내가 철수 쪽으로 넘어와서 2 : 2가 되었는데 치국이가 중간이 되어서 2 : 1과 중간 1명이었다. 그리고 나는 우리 모둠이 절대 의견을 굽히지 않는 것을 보고 나는 많이 실망하였다. 철수랑 이나가 찬성과 반대를 결정하지 않아서 우리 모둠은 발표도 하지 못했다(영희, 외국인 노동자 문제 소감문).

이런 상황에서 논쟁 문제를 제시하니까 합리적인 토론과정이 이루어지는 것이 아니라 상대방을 굴복시키는 말싸움에서 이겨야 한다는 감정싸움의 양상이 되어 버렸다.

4 학습자료 수집 활동의 어려움

사전에 학습 자료를 제대로 해 오지 않음으로 해서 미니 소집단 보고서를 작성하는 데 개별적 책임을 완수하지 못한 학생들이 있었다. 논쟁중심 협동학습이 성공적으로 이루어지려면 모둠 구성원 개개인은 자신의 역할을 충실히 해야 할 개인적인 의무와 책임을 가지고 있어야 하였다. 그런데 자신이 맡은 학습 자료 수집을 제대로 해 오지 않으면 논쟁을 할 때 제대로 자기의 의견을 피력할 수 없기 때문에 이는 논쟁중심 협동학습을 저해하는 요인으로 작용하였다.

교사가 아무리 강조를 하고 모둠의 구성원들이 아무리 압력을 주
어도 하지 않는 학생들이 나온다면 협동학습 과정에서의 무임승차자
만을 양산하여 논쟁이 효과적으로 이루어지지 않게 되었다. 단순히
반복되는 의견의 교환만으로 흐름이 끊기거나 논쟁의 초기 판단을
심화 확대하는 확산적 사고 과정도 거칠 수 없게 되었다.

학습 자료 수집을 제대로 해 오지 않는 이유는 교실에서 용인하는
문화가 있기 때문이었다. 자신이 제대로 하지 않으면 학습이 이루어
지지 않음을 알고 학습 자료를 철저하게 준비해서 논쟁에 참여할 충
분한 근거를 마련해야 함에도 불구하고, 일부 논쟁 문제에 대해서는
내용 파악을 하기가 어려워서 자료를 수집하는 것도 피상적으로 이
루어지는 경우가 많았다. 이러한 학습 분위기 속에서 학생들이 학습
자료를 수집해 오지 않더라도 각 모둠에서 모둠 구성원들끼리 대충
넘어갈 수 있는 상황을 만들어 주었기 때문이었다.

우리 모둠에서 매일 숙제를 안 해 온 사람도 있었고 또 생각을 잘 들어주지 않는 것과 많이 떠든다는 것이 문제점인 것 같았다. 주의할 것이 몇 개 있었다. 첫째 다시는 떠들지 않을 것, 둘째 매일 숙제를 안 해 오는 사람도 할 수 있게 할 것이다. 셋째, 모두들 진지하게 할 수 있게 할 것이다(원섭, 1차 소감문).

제가 너무 오래 한다고 말이 너무 많습니다. 그러면서 영희와 철수는 매일 제 숙제를 베끼고서 자기 숙제라고 합니다. 억울하고 재미없는 당번이라고 생각합니다. 애들이 내 것이 자기네들 거라 하여 빼앗아 쓰거나 발표할 때도 내 것만 자기 것처럼 가지고 나가는 경우가 많았다(이나, 2차 소감문).

이나 것 참조하고 미니 소집단인 편의 자료를 참조해서 조사한 자료들을 참고로 해서 토론 활동에 참여하였다(영희, 면담 자료).

장미는 만날 숙제를 해 오는데 내용이 부족해서 자꾸만 내 것만 보고 베낀다. 내가 보여 주기 싫다고 하면 백합이가 "그것도 못 빌려 주냐" 하면서 짜증나는 말투로 나에게 말했다. 너무 기분이 나쁘고 나는 힘들게 조사한 내용을 장미나 백합이가 내가 힘들게 조사한 내용을 베껴 가서 너무 섭섭했다(영수, 2차 소감문).

학습 자료를 철저히 해 오도록 하기 위한 노력의 일환으로 연구자는 논쟁중심 협동학습을 진행하면서 학생들이 학습자료 준비를 잘해 오도록 사전에 격려하고 꾸준히 관심을 기울였으며 모둠 내에서도 학습 자료 수집을 제대로 해 오지 않으면 다른 모둠 구성원들에게 피해가 돌아온다는 분위기를 조성하였다. 또한 연구자는 협동 학습을 실시하기 전에 대봉투를 마련하여 각 모둠별로 자료를 모아 놓고 논쟁중심 협동학습을 하기 전에 자료를 한번 서로 돌려가며 읽어보는 시간을 갖도록 하였다. 학생들이 조사해 온 자료원을 보면 인터넷에 의존하여 자료를 찾아오는 경우가 많았다. 또한 학생들은 신문기사, 도서관, 백과사전 등을 이용하기도 하였다.

제10장 논쟁중심 협동학습 적용을
위한 실천적 논의

초등학생들이 논쟁중심 협동학습을 적용하는 과정에서 나타나는 여러 가지 논의할 점을 찾아보았다. 논쟁중심 협동학습 과정에서 단계별로 나타나는 사고 전환상의 문제점을 어떻게 해결할 수 있는지 알아보고, 학생들이 본질적 가치와 당위성에 따른 의사결정보다는 학생들이 사적 이익과 경제적 이해에 따른 가치 판단의 경향성을 학습자의 지적 발달 수준과 논쟁 문제 인식과 관련하여 다양한 관점들도 다루어 보도록 하였다. 또한 토론의 맥락에서 집단 역학과 다수결 원리의 경향성이 어떻게 포착되는지도 고찰해 보았다.

1 단계별 논쟁 학습에서의 사고 전환 과정

학생들은 논쟁중심 협동학습 과정에서 찬반의견 전환 단계를 거침으로써 논쟁 문제에 대하여 찬성과 반대의 입장 모두를 경험하게 된다. 학생들은 초기에 같은 의견을 가진 미니 소집단을 구성하는 데 많은 시간을 소모하는 것으로 나타났다. 이는 학생들이 자신 있게 의견을 피력할 수 있는 입장을 선택하려고 하는 다툼의 양상으로 드러나기도 하였다.

입장 전환 단계에서는 상대편이 제시한 기존의 의견을 단순하게 재반복하거나 자신의 의견과는 다른 주장에 대해 논거를 제시해야 하므로 토론에 대한 흥미도가 떨어지고, 적극적으로 참여하지 않는 태도들을 나타내기도 하였다. 즉, 학생들은 논쟁 문제에 대한 관심이 다소 결여되어 있어 논쟁 문제에 대해 자기의 입장을 분명하게 표명하는 데에 취약한 것으로 나타났다.

논쟁 문제의 해결은 논쟁 문제 제시-입장 정리 및 발표-모둠 토론-입장전환 토론-모둠별 보고서 작성(쟁점 인식-대안개발-대안평가-대안 수립)-모둠 입장 발표 및 전체 토론-평가의 논쟁 수업 전까지 단계에서 논쟁 문제의 쟁점을 분명히 하고 주장하는 내용을 경험적 증거를 이용하여 증명함으로써 해결하는 사회탐구적 성격을 갖는데, 학생들은 논쟁 문제의 기본 개념에 대한 이해가 부족하고 정보의 양도 적으며 비판적 사고 등의 고급 사고 능력이 미숙하기 때문에 논쟁 수업을 진행하는 데 다소 무리가 있었다.

따라서 교사가, 수업에서 다루게 될 논쟁 문제와 관련하여 학생들이 제기할 수 있는 다양한 입장과 신념에 기초하여 증거를 사용하는 방법 등의 다양한 합리적 의사결정 사례를 자료를 통해서 제공해 주는 처치가 필요할 것으로 생각된다. 또한 교사가 제공하는 자료를 바탕으로 논의를 진행시키는 차별적 처치를 통해, 학생들은 여러 정보들 가운데서 나름의 입장을 판단하고 결정함으로써 다양한 입장의 이해와 선택 방법들은 학습할 수 있을 것으로 사료된다.

2 취약한 본질적 가치와 당위성에 따른 의사결정

논쟁적인 쟁점에서 학생들은 자신들이 가지고 성향이 어떤가에 따라서 반응하는 양상이 다양하였다. 학생들은 균형적으로 사고하고 있음에도 불구하고 최종 결정을 내릴 때는 자신의 사적 이익이나 자기중심적인 배경에 입각하여 결론을 내리는 경우가 자주 나타나고 있었다. 찬성과 반대의 의견에 대하여 일관성 있게 사고하고 근거를 제시하다가도 근거의 가치 적절성보다는 자신에게 이익이 되는 결정을 하였다. 이는 공적인 의사결정을 내리는 것이 아니라 단순히 자신의 사적인 이해와 자신의 이익에 따라서 결정을 내리는 것이었다.

경제적인 문제와 관련된 쟁점에 대하여 학생들은 현실적 효용성을 중시하는 특성을 일관되게 나타내고 있었다. 즉, 의사결정의 준거로서 경제 논리가 작동하였는데, 이러한 경향성이 나타나는 쟁점에는 농촌학교 폐교 문제, 새만금 간척사업, 도시 재개발 논란, 남북통일 문제, 외국인 노동자 문제 등을 들 수 있었다. 이는 논쟁 문제의 판단 준거로서 경제적인 면을 중시하여 본질적 가치나 당위성에 대한 가치관이 취약함을 나타내는데, 그 원인은 초등학생들의 발달 단계상 사회적 현실에 대한 본질적 가치나 당위성에 대한 바람직한 가치 판단을 할 수 있는 지적 발달 수준이 과도기적 단계에 머물러 있기 때문이었다.

초등학교 중학년의 지적 발달 정도는 피아제가 말하는 구체적 조작기에 있으며 초등학교 고학년은 구체적 조작기에서 형식적 조작기로 넘어가는 과도기적인 단계에 머물러 있다. 그러므로 초등학교 중학년과 고학년은 대체로 구체적 조작기에 머물러 있다고 할 수 있다.

피아제에 의하면 학생들은 구체적 조작기 동안 점차 기초적인 문제를 적용할 수 있는 과학적 추리 과정을 발전시켜 가고 있으나 가설적이며 언어로 이루어진 추상적인 문제를 해결하는 데는 아직 미숙하다(한면희, 2004: 55~56).

따라서 논쟁중심 협동학습에서 다소 복잡하고 어렵다고 느껴지는 쟁점을 이해하고 해결하는 데 필요한 지적 능력을 습득하여 과도기적인 지적 발달 수준을 높여서 바람직한 가치 판단 능력을 길러 주는 기회로 삼았다. 즉, 첫째, 학생들에게 쟁점의 본질을 올바르게 파악하도록 하였다. 둘째, 쟁점을 분석하는 과정에서 상반되는 입장까지 고려하고 이를 수용하여 자신의 입장을 검토하고 수정하는 과정을 경험하는 기회를 지속적으로 가졌다. 셋째, 다양한 맥락을 고려한 쟁점을 총체적으로 바라보고 이러한 과정을 거치면서 점점 더 발전된 의견을 제시하였다. 넷째, 대안을 평가하는 과정에서 가설적인 추론을 통해 결과를 예측하고 검토한 내용을 모두 종합하여 결정을 내리도록 하였다.

3 토론 맥락의 역학과 다수결 원리의 실천

의사결정을 하는 단계에서 만장일치나 다수결의 원칙에 따라서 모둠의 입장을 정해야 하나 다수의 의견을 따르지 않고 자신의 의견을 고집하는 학생들이 있었다. 그러다 보니 임시방편으로 찬성과 반대를 한 번씩 번갈아 가며 임의로 정하기도 하였다. 이는 다수결에 의해서는 수용되지 않는 소수의 의견을 반영한다는 명분하에 이루어진 부적절한 타협안이었다. 이러한 경우 처음에는 설득하는 과정을 거치도

록 하고 결론이 나지 않는다면 다수결의 방법을 사용한다는 내용의
모둠 규칙을 정해서 토론을 시행하도록 하는 등의 절차상의 보완이
요구되었다.

또한, 의사결정을 임의로 하여 모둠 토론을 하기 전에 찬성이나 반
대를 사전에 정해 놓고 토론을 형식적으로 진행하는 경우가 있었다.
특히 논쟁 주제가 생소하고 어려운 경우에 형식적인 토론이 자주 관
찰되었다. 학생들은 너무 어려운 수준의 쟁점 주제에 직면해서 미리
수집한 한정된 정보를 단순히 나열할 뿐 논쟁 단계에서 지적 갈등이
활발히 일어나도록 토론을 진행시키지 못하는 것으로 나타났다. 따라
서 논쟁중심 협동학습에서의 논쟁 문제는 지적으로 미숙한 단계에서
도 손쉽게 접근할 수 있는 주제로 정해야 하였다. 즉, 간학문적 통합
교육과정에 의거하여 백과사전식의 열거이고 피상적이며 연계성이
미흡한 주제가 아닌 논쟁 문제를 제시해야 하였다.

아울러, 한 주제에 대해 찬성, 반대 비율이 3 : 1인 경우 소수인 1명
이 자신의 의견을 스스로 포기하거나, 다수의 의견을 지닌 학생들이
소수의 학생을 윽박지르는 등 충분한 논의 과정을 거치지 않고 토론
을 신속히 끝내 버리는 경우도 있었다. 이는 학생들의 논쟁 주제에
대한 배경지식의 정도나 흥미도와 관련하여 그 이유를 찾을 수 있었
다. 따라서 배경지식이 될 만한 내용을 사전에 충분히 조사하고 그
적용 가능성을 구체적이고 치밀하게 파악하였다.

마지막으로, 모둠은 14인 1조로 2인씩 찬성과 반대 입장을 나누어
미니 소집단을 정하도록 하였으나, 초기부터 2명씩 의견이 나눠지는
경우는 거의 없었다. 소수의 의견을 지닌 1명의 학생은 자신의 의견
을 주장하기보다는 눈치를 보거나 다수의 의견에 따라가는 경우가

많았다. 따라서 모둠의 크기는 6인 1조 또는 8인 1조로 조절하여 소수의 의견을 가진 사람이 1명이 아니라 2명 혹은 3명이 될 수 있도록 함으로써 보다 효과적으로 소수의 의견도 활발하게 개진할 필요가 있다.

곽병선, 1991, 민주주의와 합리적 의사결정 능력, 「수도 교육」, 24, 49～57.
강진선, 2008, 「의사결정학습이 합리적인 소비의식 함양에 미치는 효과: 초등 사회과 4학년을 중심으로」, 광주교대교육대학원 석사학위 논문.
구민정·권재원, 2007, 청소년의 민주시민성 교육을 위한 DIE－논쟁 학습 모형의 개발과 그 효과에 대한 연구, 「사회과 교육」, 46(2), 145～168.
구정화, 1998, 사회과 논쟁 문제 수업에 관한 연구, 「시민교육연구」, 27, 167～190.
김일남, 2003, 「협동적 의사결정수업모형에 관한 연구」, 호남대학교대학원 박사학위 논문.
김일남·이광성, 2005, 「사회과 의사결정수업모형 탐구」, 서울: 양서원.
남경희, 1998, 정보화 사회에 있어서 소비자의사결정학습, 「사회과 교육학 연구」, 2, 1～21.
노경주, 2000, 초등 사회과에서의 쟁점중심 교육, 「시민교육연구」, 31, 83～107.
노경주·주은옥, 2001, 「논쟁 문제 교육의 이론과 실제」, 서울: 원미사.
배진숙, 2009, 「초등학생의 의사결정 과정 분석」, 한국교원대학교대학원 박사학위 논문.
민윤, 2006, 초등학생의 역사쟁점 인식의 양상, 「사회과 교육 연구」, 12, 63～85.
박홍국·전기성, 2003, 「의사결정 지원시스템」, 서울: 경문사.
박형준·고은희, 2002, 브레인 라이팅 의사결정 모형 개발, 「시민교육 연구」, 34(2), 123～148.
변영계·김광휘, 2000, 「협동학습의 이론과 실제」, 서울: 학지사.
손병노, 1996, 사회과 협동학습의 의의와 이론적 토대, 「사회과 교육」, 29, 163～190.
______, 2002, 우리 사회과 교육의 재음미, 「교실수업 개선 우수사례 워크숍」, 충북: 한국교원대부설 교과교육공동연구소, 65～76.
손병노·권오정·송양섭, 1996, 「교원양성대학의 국민학교 사회과 교육학 교재 개발 연구」, 충북: 한국교원대부설 교과교육공동연구소.

유명철, 2002, 의사결정학습에 있어서의 쟁점, 「사회과 교육」, 41(3), 75~90.

이광성, 2002, 교사의 역할에 따른 논쟁 문제 학습의 효과 연구, 「시민교육연구」, 34, 229~250.

이순재, 2004, 중학교 교실에서 사회적 쟁점을 활용한 Engle-Ochoa 모형 효과, 「시민교육연구」, 36(1), 181~208.

유종열·이영미, 2007, 집단적 의사결정 모형 수업의 실천과 한계에 대한 연구, 「사회과 교육」, 46(1), 5~39.

윤영식, 2003, 「초등 사회과 논쟁수업에서 교사의 역할이 학생의 의사결정 능력과 태도에 미치는 효과」, 경인교대교육대학원석사학위 논문.

장은정, 2007, 「초등 사회과 경제 수업에서의 의사결정 학습 설계 및 적용」, 한국교원대학교교육대학원 석사학위 논문.

김동일·정문성, 1999, 「열린 교육을 위한 협동학습의 이론과 실제」, 서울: 형설출판사.

정문성, 1996a, 협동학습에서의 의사결정력 향상 전략, 「전국 열린 교실 연구응용학회」, 4(1), 93~111.

______, 1996b, 사회과 협동학습에서의 논쟁교수 모형, 「인천교대교육논총」, 13, 259~274.

______, 1998, 사회과 협동학습 구조에서의 의사결정 모형이 학업성취에 미치는 효과연구, 「사회과 교육」, 26, 185~206.

______, 1999, 중학교 교실에서 협동학습 구조가 사회과 학업성취에 미치는 효과 연구, 「시민교육연구」, 28, 121~150.

정병욱, 1990, 사회과 교육에 있어서 사례를 통해 살펴본 의사결정 모형에 관한 소고, 「사회과 교육」, 20, 193~209.

정연희, 2009, 「초등 사회과에서 의사결정 에피소드 협동학습 모형 적용에 관한 실행 연구」, 경인교대교육대학원 석사학위 논문.

조병철, 1996, 의사결정 능력 신장을 위한 경제수업모형의 탐색과 적용, 「사회과 교육」, 24, 64~73.

조영달, 1992, 소비자 교육 방법으로서의 소비자 의사결정모형의 비교분석 연구 - 의사결정 그리드 모형과 결과 예측 모형을 중심으로 -, 「소비생활연구」, 10, 28~35.

______, 1993, 의사결정력 함양의 관점을 중심으로 한 사회탐구 비판과 사회과 학습지도, 「서울대학교 사대논총」, 47, 125~149.

조영제, 1998, 자유주의와 논쟁 문제 학습, 「시민교육연구」, 27, 191~208.

조용환, 1999, 「질적 연구 – 방법과 사례 – 」, 서울: 교육과학사.

주은옥, 2001, 논쟁 수업을 위한 '찬반 협상 모형'의 개발과 효과 연구, 「시민교육연구」, 32, 369~395.

차경수, 2000, 「21세기 사회과 교육과정과 지도법」, 서울: 학문사.

______, 1984, 사회과 논쟁 문제의 교수모형, 「사회과 교육」, 19, 225~240.

______, 1998, 「현대의 사회과 교육」, 서울: 학문사.

최용규, 1995, 사회과 교수학습모형의 특성에 대한 이해, 「사회과학교육연구」, 창간호, 159~172.

______, 1997, 역사 학습에서의 의사결정, 「사회과 교육학 연구」, 창간호, 30~51.

추병완 역, 2001, 「학생들과 함께 하는 협동학습」, 서울: 백의.

한면희, 2004, 「비판적 사고 교육과 평가」, 서울: 교학사.

Allen, R. F., 1996, "The Engle-Ochoa decision making model for citizenship education" In R. W. Evans & D. W. Sax(ed.), *Handbook on teaching social issues*, Washington, D. C.: NCSS.

Banks, J. A. & Clegg, A., 1995, *Teaching strategies for the social studies: Inquiry, valuing and decision-making*, New York: Longman, 최병모 외 공역(1995), 「사회과 교수법과 교재 연구」, 서울: 교육과학사.

Banks, J. A., 1977, *Teaching strategies for the social studies: Inquiry valuing and decision-making (2nd ed.)*, Mass.: Addision-Wesley Publishing Co.

Barr, R. D., Barth, J. & Shermis, S. S., 1978, *The nature of social studies*, California: ETC Publications, 최충옥 외 공역(1993), 「사회과 교육의 이해」, 서울: 서원.

Cassidy, E. & Kurfman, D. G., 1977, "Decision-making as purpose and process", In D. G. Kufman(ed.), *Developing decision-making skills*, Washington, DC.: NCSS.

Chilcoat, G. W. & Ligon, J. A., 2000, "Issues-centered instruction in the elementary social studies classroom", *Theory and Research in Social Education,* 28(2), 33~41.

Cox, C. B., 1977, "The censorship game and how to play it", *NCSS Bulletin 50.* Arlington, VA: NCSS.

Dewey, J., 1916, *Democracy and education*, N. Y.: Macmillan, 이홍우 역(1996), 「민주주의와 교육」, 서울: 교육과학사.

Engle, S. H., 1960, "Decision-making: The heart of social studies instruction", *Social Education,* 24.

Engle, S. H. & Ochoa, A. S., 1988, *Education for democratic citizenship: Decision making in the social studies*, New York: Teachers College Press, 정세구 역(1995), 「민주시민교육」, 서울: 교육과학사.

Evans, R. W., 2001, Teaching social issues: Implementing an issues-centered curriculum. In E. W. Ross(ed.), *The social studies curriculum: Purposes, problems, and possibilities*, and possibilities, State University of New York Press, 291~311.

Evans, R. W., Newman, F. M. & Saxe, D. W., 1996, Defining issues-centered education, In R. W. Evans, & D. W. Saxe(eds.), *Handbook on teaching social issues*, Bulletin 93, Washington, D. C.: NCSS.

Gross, R. E., 1989, "Reasons for the limited acceptance of the problems approach", *The Social Studies*, 80, 185~186.

Hahn, C. L., 1996, "Research on issues-centered social studies", In R. W. Evans & D. W. Saxe(eds.), *Handbook on teaching social issues*, Washington, D. C.: NCSS.

Hunt, M. P. & Metcalf, L. E., 1968, *Teaching high school social studies: Problems in reflective thinking and social understanding*, New York: Harper & Row.

Johnson, D. W. & Johnson, R. T., 1979, "Conflict in the classroom controversy and Learning", *Review of Educational Research*, 49, 51~61.

______, 1984, *Creative Conflict*. MN: Interaction Book Company.

______, 1994, The pro-con cooperative group strategy: Structuring academic controversy within the social studies classroom. R. J. Stahl(ed.), *Cooperative learning in social studies: A handbook for teachers*, New York: Addison-Wesley Publishing Company.

Kaltsounis, T., 1987, *Teaching social studies in the elementary school: The basics for citizenship*, New Jersey: Prentices-Hall.

McBee, R. H., 1996, "Can controversial topics be taught in the early grades? The answer is yes!", *Social Education*, 60, 38~41.

Massialas, B. G. & Hurst, J. B., 1978, *Social studies in a new era*, New York: Longman.

Muessing, R. H., 1975, "Some thoughts on controversial issues", In R. H. Muessing(ed.), *Controversial issues in the social studies: A contemporary perspective*, Washington, D. C.: NCSS.

Nelson, J. L., 1996, "The historical imperative for issues-centered education", In R. W. Evans & D. W. Saxe(ed.), *Handbook on teaching social studies*, NCSS Bullutin 93.

Newmann, F. M. & Oliver, D. W., 1970, *Clarifying public controversy: An approach to teaching social studies*. Little, Brown & Company.

Ochoa-Becker, A. S., 1996, "Building a rationale for issues-centered education", In R. W. Evans & D. W. Saxe(ed.), *Handbook on teaching social studies*, NCSS Bullutin 93.

______, 2007, *Democratic education for social studies: An issues-centered decision making curriculum*, Greenwich, Connecticut: Information Age Publishing.

Oliver, D. W. & Shaver, J. P., 1967, *Teaching public issues in high school*, Boston: Houghton Mifflin.

Parker, W. C., McDaniel, J. E. & Valencia, S. W., 1991, "Helping students think about public issues: Instruction versus prompting", *Social Education*, 55(1).

Remy. R. C., 1989, "Civic decision making in an information age", In M. A. Laughlin, H. M. Hartoonian & N. M. Sander(eds.), *From information to decision making: New challenges for effective citizenship*, Washington, D. C.: NCSS.

Ross, A., 1988, "Improving social-environmental studies: Problem solving through cooperative learning", *American Educational Research Journal*, 25(4), 573~591.

Rossi, J. A., 1996, "Creating strategies and conditions for civil discourse about controversial issues", *Social Education*, 60(1), 15~21.

Schmuck, R. A. & Schmuck, P. A., 1994, *Group processes in the classroom*, Iowa: Brown Publishers.

Schultz, J. L., 1989, "Cooperative learning: Refining the process", *Educational Leadership*, 47(4), 43~45.

Schuncke, G. M., 1988, *Elementary social studies: Knowing, doing, caring*, N. Y. Macmillan Publishing Company.

Skeel, D. J., 1996, "An issues-centered elementary curriculum", In R. W. Evans & D. W. Saxe(eds.), *Handbook on teaching social issues*, Bulletin 93, Washington, D. C.: NCSS.

Spradley, J. P., 1980, *Participant observation*, New York: Holt, Rinehart & Winston, 이희봉 역(1996), 「참여관찰법」, 서울: 대한교과서.

Sweeney. J. A. C. & Parsons. J. B., 1975, Teacher preparation and models for teaching controversial social issues, In R. H. Muessing(ed.), *Controversial issues in the social studies: A contemporary perspective*. Washington, D. C.: NCSS.

Stahl R. J., 1992, "From 'academic strangers' to successful members of a cooperative learning group: An inside-the-learner perspective", In R. J. Stahl & R. L. VanSickle(eds.), *Cooperative learning in the social studies classroom: An invitation to social studies*, Washington, D. C.: NCSS.

______, 1994, "Cooperative learning: A social studies context and an overview", In R. J. Stahl(ed.), *Cooperative learning in social studies: A handbook for teachers*. New York: Addison-Wesley Publishing Company.

Woolever, R. M. & Scott, K. P., 1988, *Active learning in social studies: Promoting cognitive and social growth*, Washington, D. C.: NCSS.

고흔석 ────────────────────────────────

서울교육대학교 사회교육과 졸업(1992)
한국교원대학교 대학원 사회과교육전공 교육학 석사학위 취득(2001)
홍익대학교 대학원 교육과정전공, 교육학 박사학위 취득(2010)
경수·정덕·삼선·서울교육대부설초등학교 교사
현) 우이초등학교 교사
    서울교육대학교 강사
    한국사회과교육연구학회 정보사무국장

「학교 현장에서 이루어지는 논쟁중심 협동학습을 통한 민주시민교육에 대한 고찰」(2010. 3)
「논쟁중심 협동학습 과정에서 나타나는 초등학생들의 사고과정 연구」(2009. 9)
「사회과 역할놀이 학습지도사례」(2009. 7)
「사회과 학습지도의 실제」(2008. 7)
「쉽고 재미있는 사회과 교수학습방안」(2008. 1)

쟁점중심
사회과 교육

초 판 인 쇄 | 2010년 11월 2일
초 판 발 행 | 2010년 11월 2일

지 은 이 | 고흔석
펴 낸 이 | 채종준
펴 낸 곳 | 한국학술정보㈜
주   소 | 경기도 파주시 교하읍 문발리 파주출판문화정보산업단지 513-5
전   화 | 031) 908-3181(대표)
팩   스 | 031) 908-3189
홈 페 이 지 | http://ebook.kstudy.com
E-mail | 출판사업부 publish@kstudy.com
등   록 | 제일산-115호(2000. 6. 19)

ISBN   978-89-268-1624-0 93370 (Paper Book)
          978-89-268-1625-7 98370 (e-Book)